Nutrición emocional

Nutrición emocional

Una nueva forma de entender la alimentación y conseguir tu peso ideal

FRAN SABAL

alienta
EDITORIAL

Alienta es un sello editorial de Centro de Libros PAPF, SLU.
Av. Diagonal, 662-664
08034 Barcelona

www.planetadelibros.com

ISBN: 978-84-1344-010-1
Depósito legal: B. 1.928-2020
Primera edición: marzo de 2020
Segunda edición: febrero de 2021
Tercera edición: abril de 2021
Cuarta edición: mayo de 2023
Quinta edición: octubre de 2023
Preimpresión: pleka scp
Impreso por Arteos Digital

Impreso en España - *Printed in Spain*

El papel utilizado para la impresión de este libro está calificado como **papel ecológico** y procede de bosques gestionados de manera **sostenible**.

A mi mamá... Te amo siempre.

Sumario

Prólogo

Me siento realmente privilegiada de haber recibido este regalo de mi querida amiga Fran y estar, en este momento, escribiendo el prólogo de su maravilloso libro. Conozco muy bien el trabajo de Fran y el amor con el que emprende su misión en esta vida, ayudando a tantas personas a encontrarse mejor en su mente y en su cuerpo.

Fran estuvo muy atenta a su relación con la comida desde muy pequeña, por pura necesidad. Con el tiempo, después de mucho sufrimiento personal y de convertirse en una experta en nutrición y desarrollo personal, entendió que hay algo mucho más importante que hacer una dieta para mantener el cuerpo en un peso equilibrado y saludable; comprendió que para tener una buena relación con la comida es necesario realizar un cambio de mentalidad. Y precisamente es lo que te enseña ella en este libro: a realizar un cambio en tu interior junto con una modificación de hábitos en tu alimentación que beneficiarán a tu equilibrio físico y emocional para siempre.

«Si un huevo se rompe desde fuera, se acaba la vida; si se rompe desde dentro, la vida comienza.»

Esta frase se la he escuchado a Fran cientos de veces. Los cambios reales se realizan desde el interior y ella te invita con su libro a romper las creencias que tienes sobre la comida para sentirte realmente bien por dentro. Y es al sanar por dentro, cuando se manifiesta el resultado en nuestro exterior.

En este libro vas a encontrar ejemplos de otras personas que han estado quizás en la misma situación que tú estás ahora y que, gracias a su infalible «El Método de los 4 Elementos», han conseguido sentirse bien con ellas mismas y con su cuerpo, hacer las paces con su relación con la comida, y perder el peso necesario para sentirse saludables y llenas de energía. Porque es muy cansado y resta mucha energía estar un día tras otro luchando y realizando una dieta tras otra que a la larga no funcionan, ya que sólo resuelven la superficie del problema.

Todas las personas merecemos sentirnos bien con nosotras mismas para vivir plenamente; cuidar nuestro cuerpo, que es el templo en el que vivimos toda una vida; y amarnos profundamente cada día.

Te animo a que sigas el paso a paso de este libro, sus indicaciones y consejos, sus ejercicios y sus recetas. También a que compartas tu aprendizaje con tu familia, con tus amigos, con todas las personas que amas, porque así estarás ayudando a la vez a muchísimas personas y, de esta forma, haremos entre todos de éste un mundo mejor.

Gracias de corazón, Fran, por tu ejemplo, por compartir con el mundo tus conocimientos y por hacerlo con tanta consciencia y amor.

PAZ CALAP

Autora de *Quiero Paz*, Alienta (2019)

Introducción

> **Puedes buscar por todo el universo y no encontrarás un solo ser más merecedor de amor que tú.**
>
> Buda

Quiero darte las gracias por estar ahí, por tu confianza, tu tiempo y por este viaje que emprenderemos juntos. También quiero felicitarte, porque lo más probable es que hayas probado muchas cosas en el mundo de las dietas que no te han funcionado y, aun así has seguido buscando y has llegado a la filosofía de *Nutrición emocional*, que te aportará una nueva forma de entender la nutrición, tu cuerpo y tu peso.

Esta vez no iremos de fuera hacia dentro, como con las dietas convencionales, sino que iremos desde dentro hacia fuera, comprendiendo que nuestro peso es una consecuencia de algo mucho más profundo.

«Locura es hacer lo mismo una y otra vez esperando resultados distintos», dijo Einstein, así que te invito a probar algo diferente porque, seguro, te traerá resultados diferentes.

Iremos trabajando a lo largo de ocho capítulos. Cada uno de ellos será una aventura hermosa de descubrimiento, interiorización y aprendizaje. Mi consejo es que vayas trabajando un capítulo por semana y poniendo en práctica los ejercicios que te recomiendo. Ahora bien, esto es sólo una recomendación, lo importante es que vayas avanzando. Sea al ritmo que sea, pero avanza.

Quizás algunas de las cosas que te propongo no te parecerán fáciles al principio, pero te prometo que se puede. Miles de personas han conseguido cambios muy positivos con las herramientas que estás a punto de descubrir y confío plenamente en que, si las pones en práctica, tú también conseguirás sentirte mucho mejor emocional y físicamente.

Antes de continuar me gustaría decirte algo sumamente importante. Una vez leí que no existe la falta de tiempo, sino la falta de interés, porque cuando la gente realmente quiere algo, la madrugada se vuelve día, el sábado se vuelve lunes y cualquier momento se vuelve una oportunidad. Con esta frase en mente me gustaría que reflexionaras sobre cuántas veces:

- Te has dejado de lado por los demás.
- Has tenido tiempo para todos, menos para ti.
- Has sentido que has sobrepasado tus límites.
- Has sido fiel a todos, menos a ti mismo.

Es por esto que, al menos mientras estés trabajando con este libro, me encantaría que te regalases el tiempo que te mereces y, así como has estado para otros, esta vez estés para ti. Esto no es una muestra de egoísmo, sino todo lo contrario, es una muestra enorme de amor y generosidad, porque si tú estas bien, podrás apoyar mucho mejor a quienes te rodean.

¡Comenzamos la aventura!

1

Preparando el camino

> Nuestro miedo más profundo no es que seamos inadecuados.
> Nuestro temor más profundo es que somos excesivamente poderosos.
> Es nuestra luz y no nuestra oscuridad
> la que nos atemoriza.
> Nos preguntamos:
> «¿Quién soy yo para ser brillante, magnífico, talentoso y fabuloso?».
> En realidad, ¿quién eres para no serlo?
>
> Extracto del poema de MARIANNE WILLIAMSON

La gasolina del viaje

Imagínate que comenzamos un viaje y decidimos ir en coche. Si, por ejemplo, queremos ir de Madrid a Barcelona, que son 625 kilómetros, y le ponemos a nuestro coche gasolina para recorrer 500 kilómetros, por mucho que lo intentemos no vamos a llegar.

Así que aquí no vale sólo intentarlo, ¡lo vamos a hacer! Y vamos a cargarnos con la gasolina necesaria para llegar a nuestro destino.

¿Y cuál es tu gasolina? Se dice que es la motivación, la cual nos lleva a la inspiración, y cuando vivimos inspirados las cosas fluyen de forma natural en nuestra vida. Es por esto que te invito a hacer los ejercicios que te iré proponiendo a lo largo del libro, a comprometerte contigo mismo y a ser fiel a todo lo que vayas sintiendo durante el proceso.

> Todo viaje de mil kilómetros comienza con el primer paso.
>
> LAO TSE

¿Sabes qué es aún más importante que llegar a la meta? El camino hasta ella, en quién nos estamos convirtiendo momento a momento para alcanzar nuestra mejor versión, para llegar hasta donde queremos llegar.

Algo que me sorprendió mucho fue cuando aprendí que somos energía. Esto quiere decir que no «somos», sino que «estamos siendo», ya que la energía siempre está en movimiento. De esta manera, puedes elegir quién ser en cada momento. ¿Te das cuenta el potencial que tiene esto?

Por ejemplo, puede que durante años creyeses que «eres» tímido, pero realmente no lo eres, simplemente «estuviste siéndolo», y hoy puedes elegir ser de otra manera, ya que somos movimiento, somos cambio constante, somos posibilidades infinitas.

¿Has escuchado hablar de la ley de la atracción? También me parece un tema muy interesante; muchas veces lo relacionamos con algo *hippie,* pero realmente es física pura.

La energía es atrayente, por tanto «atraes a tu vida lo que estás siendo». Es imposible atraer alguna situación o persona que no esté vibrando en tu misma energía. Por ejemplo, si estás atrayendo a tu vida a una persona que no te está tratando bien, ya sea en el trabajo o a nivel personal, es porque tú estás vibrando en ese tipo de energía.

Quizás pensarás que tú no tratas mal a nadie, pero ¿cómo te estás tratando a ti mismo?

A nuestro cerebro le gusta tener razón y siempre buscamos «espejos» para que reafirmen lo que ya estamos pensando. Entonces si te dices a ti mismo «estoy gordo, no valgo para nada», inconscientemente buscas a alguien que te lo reafirma y así tu cerebro queda feliz, ya que está confirmando tu idea: «¿Ves?, te dije que no valías, te dije que eras un gordo y los demás también se dan cuenta».

Luego piensas que los demás te tratan mal, pero ¿quién es realmente el que se habla así? ¿Quién es el que está atrayendo a este tipo de personas a su vida? ¿Quién es el que está vibrando en esa energía? Aquí comienza a abrirse la primera puerta a nuestra propia responsabilidad:

- ¿Qué estamos atrayendo con nuestros pensamientos?
- ¿Qué nos estamos diciendo?
- ¿Qué idea estamos creando sobre nosotros mismos?

La idea es que nos empecemos a convertir en el tipo de persona que queremos atraer a nuestra vida, es por esto que es sumamente importante que vayas realizando todas las actividades recomendadas del final de cada capítulo, ya que te ayudarán a reconectar contigo mismo y con lo mejor de ti. No inventaremos nada nuevo, simplemente iremos potenciando las cualidades maravillosas que ya tenemos en nuestro interior.

> Sé el cambio que quieres ver en el mundo.
>
> GANDHI

Y quizás haya muchos momentos en nuestra vida donde las cosas se nos hagan cuesta arriba, donde nos gustaría olvidarnos de todo y sentimos que no tenemos fuerzas para continuar. En esos días es importante recordar que justo el momento más oscuro de la noche es antes del amanecer.

Hay una metáfora sobre la forma de entender la vida que me encanta y se conoce como «trampas o trampolines».

¿Cómo vives las cosas «buenas» que te suceden? ¿Y las «malas»? ¿Pues sabes qué? En realidad, las situaciones como tal son «neutras». Por tanto, no hay nada bueno ni malo, la pregunta más bien es cómo eliges vivir las distintas situaciones en tu vida, ¿como trampas o como trampolines?

La vida jamás nos va a poner trampas, siempre nos pondrá trampolines a través de personas y situaciones. Incluso se dice que aquellos con quien más nos cuesta relacionarnos o las vivencias que más nos cuesta superar, acaban siendo nuestros mayores maestros.

Muchas veces se nos olvida nuestra grandeza, nuestra fuerza interior, nuestra sabiduría interna; es entonces cuando la vida se encarga de recordarnos quiénes somos realmente, de qué somos capaces y hasta dónde podemos llegar. Cuando tendemos a enfocarnos en la «solución» en lugar del «problema», nos damos cuenta del sentido de cada situación en nuestra vida, del regalo que esconde y de la posibilidad de crecimiento que hay detrás.

Por ejemplo, cuando llevamos años luchando con nuestro peso solemos mirarnos con rencor y rechazo, nos machacamos constantemente por nuestro cuerpo y por no ser capaces de cambiar y conseguir el cuerpo que queremos. ¿Pero alguna vez te has preguntado qué se esconde detrás de tu peso? ¿Qué te está diciendo tu cuerpo a través de esos kilos de más?

Cuando comenzamos a hacernos este tipo de preguntas es cuando empezamos a darnos cuenta de que nuestro peso no es una casualidad, sino más bien un medio que ha buscado nuestro propio cuerpo para mostrarnos que en nuestro interior existen muchas situaciones que merecen nuestra atención, heridas que necesitan ser sanadas y cargas que necesitan ser perdonadas y liberadas.

Hay una herramienta de PNL (Programación Neurolingüística) tan potente y tan sencilla a la vez que cuesta creer que pueda llegar a ser tan efectiva, consiste en cambiar el «por qué» por el «para qué», un cambio que te permite descubrir el sentido de lo que hoy te inquieta y, por tanto, el motivo que se esconde detrás de lo que estás viviendo.

Sólo cambiando una palabra puedes cambiar todo el sentido a tu situación actual. Hagamos la prueba:

- ¿Para qué estoy gordo?
- ¿Para qué estoy comiendo de esta manera?
- ¿Para qué sigo haciendo lo mismo de siempre?
- ¿Adónde quiero llegar?
- ¿Para qué estoy viviendo esta situación?

Al reflexionar sobre estas preguntas verás que tu peso es una bendición que te está permitiendo ir más allá. Además, cuando estás en esa constante lucha con tu peso y con tu cuerpo, ¿contra quién estás luchando realmente?

Piensa en algún país en guerra. Imagínate ahora que tienes esa guerra en tu interior. ¿Cómo te sientes? Pues eso es vivir en una lucha constante. ¿Es así como quieres vivir? ¿Te compensa llevar ese tipo de vida? Y ahora visualiza un país en paz y en armonía, en el que las personas se aceptan unas a otras, llenas de confianza, amor y respeto. Imagina que este país está dentro de ti, ¿cómo te sentirías viviendo así?

Solamente tú puedes elegir qué vida llevar en tu interior.

> Si sufres es por ti, si te sientes feliz es por ti, si te sientes dichoso es por ti. Nadie más es responsable de cómo te sientes, sólo tú y nadie más que tú. Tú eres el infierno y el cielo también.
>
> OSHO

El viaje más maravilloso y sorprendente que podemos hacer es a nuestro interior. Es un viaje que nos puede traer varias sorpresas, incluso algunas que no quisiéramos, pero también es el más importante y valiente de nuestra vida.

¿Has escuchado alguna vez esa idea que dice que «de todo lo que huimos sin resolver, se repite»? Hasta que no aprendemos lo que necesitamos aprender, la vida nos volverá a traer las mismas situaciones una y otra vez, incluso subiéndoles la intensidad. No es casualidad que repitas el mismo patrón de parejas, el mismo patrón de conducta con la comida o el mismo patrón de jefes, entre muchos otros ejemplos. Hasta que no mires de frente la situación y descubras su para qué, siempre «te pasará lo mismo», si es que aún no has aprendido lo que necesitas aprender.

Pero bueno, aquí estamos para descifrar esos mensajes entre líneas y observar lo que nos pasa con curiosidad, como trampolines, y no con rechazo, como trampas. Estoy contigo.

La aceptación es la base para la transformación. Todo es perfecto como es. ¿Cuándo llegarán las respuestas? En el momento adecuado, ni antes ni después. Cada vez que te haces una pregunta la respuesta ya existe para ti, sólo necesitas estar en el estado adecuado para verla, oírla o sentirla. Trabajaremos en tu estado. Confía.

Y quizás muchas veces caemos en la trampa de nuestra mente de creer que tenemos «mala suerte», que nuestra vida es la peor y que, aparentemente, las demás personas tienen una vida mejor que la nuestra. «El césped del vecino siempre parece más verde», dice el refrán. Yo también lo creí así durante mucho tiempo, pero la comparación no es real, sólo es producto de nuestro ego. ¿Puedes comparar una mesa con Júpiter? No, ¿verdad? Pues así de extraño es cuando nos comparamos con alguien que es completamente diferente a nosotros, que ha tenido otra vida, historia, experiencias, aprendizajes, educaciones y sensaciones.

A mí también me pasó muchas veces conocer a alguien y desear su vida, hasta que aprendí que cada uno tiene la vida que necesita y la que, de una u otra manera, hemos elegido y creado. La comparación es una trampa de tu mente para hacerte creer que nunca serás lo suficientemente bueno. No es real. ¡No hay mejor vida que tu vida! Confía que todo lo que te ha pasado, te está pasando y te pasará es lo mejor para ti, aunque en el momento no lo sientas así.

La invitación no es aspirar a ser como otra persona, sino ser tú mismo, reconociendo tus fortalezas y debilidades, tus cualidades y aparentes defectos y entendiendo que no eres mejor ni peor que nadie, que simplemente eres y que, al igual que todos los demás, mereces aceptación, respeto y amor.

> No conozco un valor mayor que el necesario para mirar dentro de uno mismo.
>
> OSHO

¿Quién eres realmente?

¿Te sientes cómodo cuando estás triste, nervioso, ansioso, angustiado o enojado? Lo más probable es que no. ¿Sabes por qué? ¡Porque esa no es tu esencia! Cada vez que estás en uno de esos estados de ánimo es porque has desconectado de tu verdadera esencia.

¿Te sientes cómodo cuando estás en calma, te sientes pleno, relajado o tranquilo? Lo más probable es que sí. ¿Sabes por qué? Porque aquí te sientes como en casa, ya que conectas con tu verdadera esencia. El ser humano en su parte esencial es amor, paz, consciencia y luz, y cada vez que nos desconectamos de esto, comenzamos a sentirnos incómodos, ya que hemos salido de nuestro centro.

A medida que vamos creciendo nos van programando con distintas creencias, valores, expectativas, culturas, religiones y comportamientos, y muchos de nosotros llegamos a perdernos de lo que verdaderamente somos.

Pero, cuidado, lo que somos tampoco depende de nuestro físico. Si te cambias el color del cabello, ¿dejas de ser tú? No, ¿verdad? Entonces ¿qué te hace pensar que con diez kilos más o diez kilos menos serás otra persona? No cambiarás porque tengas otro peso, ni dejarás de ser quien eres. Muchas veces caemos en la trampa de pensar que «si fuese delgado sería feliz». Yo también creí esto durante muchos años, es más, me obsesioné tanto con esta idea que a los quince años, en mi primer episodio de anorexia y bulimia, bajé de una talla 44 a una talla 38 en menos de dos meses.

¡Al fin cabía en la talla 38! ¿Pero a qué precio? No comía, me provocaba los vómitos, me sentía sin energía, avergonzada y me pasaba el día durmiendo. ¿Crees que fui feliz? Y no sólo eso, además me daba cuenta de que mis problemas de siempre no habían desaparecido. Tanto esfuerzo, tanta restricción y tanto sacrificio... ¿para qué? Así que volví a comer con las ansias de antes y a subir incluso más kilos de los que había bajado.

A los diecisiete años tuve mi segunda crisis de anorexia y bulimia mientras me encontraba realizando un intercambio estudiantil en Finlandia. Irme de intercambio fue una experiencia realmente maravillosa: conocer una nueva cultura, personas, amigos, colegio, ciudades, idioma. Era como vivir un sueño y, por supuesto, la comida era diferente y deliciosa.

No sé si alguna vez han rondado este tipo de ideas en tu mente: ¿Cómo no vas a comer más con lo bueno que está? ¿Si no lo comes ahora cuándo más lo volverás a comer?, ¿Pero cómo no vas a repetir, si nunca habías comido esto y nunca más lo comerás? Como si estuviésemos viviendo una hambruna y la comida fuese a desaparecer. En ese momento yo no conocía cómo funcionaba mi mente y le hacía caso en todo, así que comí y comí y gané diez kilos en cuatro meses. Y cuando ya no me servía la ropa, decidí dejar de comer y los bajé en menos de un mes.

Con diez kilos más o diez kilos menos y a miles de kilómetros de casa, yo seguía siendo la misma: con mis mismos problemas, reacciones, resultados, patrones mentales y patrones de conducta.

Si te cambias de casa, ¿dejas de ser tú? Tu cuerpo es tu casa, tu templo, cuídalo. No por pensar que vas a cambiar la esencia, sino porque lo quieres y lo respetas. Puedes elegir embellecer tu casa, limpiarla, cambiarle las cortinas, comprarle unas flores; cuanto más amor le pongas y más la cuides mejor funcionará y más linda se verá, pero estructuralmente seguirá siendo la misma.

La idea es comenzar a reconectar con lo que realmente somos, redescubrir nuestra esencia que está ahí, siempre lo ha estado, y estemos como estemos, no cambia. El usar una talla 38 o una 48 no te hace ni mejor ni peor persona, ni más ni menos especial, ni te entrega mayor o menor valía. El secreto de un cambio real y permanente consiste en ser capaces de mirar nuestro fondo sin distraernos con la forma. Una vez descubierto el fondo, y desde la libertad, consciencia, amor y respeto, podemos hacer cambios en la forma. Tu esencia es maravillosa, e independientemente de tu peso, ya te mereces lo mejor.

Cuando nos desconectamos de nuestra esencia y caemos en los juegos de la mente, definiéndonos sólo con nuestro físico, comenzamos a sentirnos mal, a estar ansiosos, angustiados e inseguros, ya que al perder la noción de que somos un todo siempre nos sentiremos incompletos, por lo cual nuestro aspecto físico nunca será suficiente.

En un curso de milagros se dice que si no estamos viviendo desde el amor, lo estamos haciendo desde el miedo. Éstas son las dos grandes emociones del ser humano: o estás viviendo desde el amor, donde se aloja tu verdadera esencia, o lo estás haciendo desde el miedo, que es cuando nos hemos dormido ante la vida, es decir, nos hemos desconectado de quienes somos realmente y caemos en un estado de angustia y ansiedad.

¿Cuáles son nuestros miedos más profundos? El miedo a no ser queridos, a no ser aceptados, a no ser capaces, a no ser merecedores, a no ser suficientes. Nada de esto es real, pero nosotros nos creemos esta película mental.

¿Alguna vez has tenido la sensación de que te falta algo? Aunque aparentemente lo tenemos todo, sentimos que algo nos falta, estamos en esa constante búsqueda y nos pasamos la vida pensando cosas como éstas: «Cuando acabe mis estudios, ahí sí que voy a ser feliz», «Cuándo encuentre un buen trabajo, ahí sí que estaré feliz», «Sí, ya tengo un buen trabajo y tengo mi coche, pero me falta pareja, si tuviera pareja, ahí sí que estaría feliz», «Tengo pareja, pero no tenemos nuestra propia casa. Cuando tengamos nuestra propia casa, ahí sí que estaré feliz», «Ya nos casamos y tenemos nuestra casa, pero nos faltan los hijos. Cuando los tengamos ahí sí que seré feliz»...

¡Y se nos pasa la vida! En vez de disfrutar del momento en el que estamos, nunca nos es suficiente porque siempre tenemos la sensación que nos falta «algo», y caemos en la trampa de pensar que si tuviéramos ese algo sí seríamos felices. Pero, en realidad, cuando ya lo tienes aparece un siguiente «algo». ¿Hasta cuándo? Hasta que nos morimos y se nos pasó la vida pensando en el siguiente momento, en lo que nos falta, en la falsa idea de que si llegara «x» nuestra felicidad estaría completa.

¿Afán de superación o inconformismo? ¿Reflejo de progreso o de desconexión con el verdadero sentido de la vida?

Y nos vamos de compras; vamos a todas las terapias existentes; creemos en pastillas, batidos, tratamientos y cremas milagrosas; y buscamos el príncipe azul (o la princesa), como si de repente algo o alguien pudiera llegar, solucionar nuestra vida y regalarnos la felicidad.

¿Y sabes qué? Ese «algo» no lo encontrarás en la comida, ni tampoco en una tienda, una pareja, un amigo, una casa nueva, un trabajo, un hijo, un par de zapatos o un gurú. Todas estas personas o cosas son un «parche»: al principio te pueden vislumbrar y puedes llegar a creer que al fin has encontrado lo que tanto esperabas, pero con el paso del tiempo vuelve esa sensación de vacío.

¿Qué es ese «algo»? ¿Qué es eso que buscamos incesantemente a lo largo de nuestra vida? Ese «algo» ya lo tienes, está en ti, porque ese «algo» eres tú. Y si tú no te crees suficiente, nunca nada te será suficiente. Si tú no eres capaz de sentir esa plenitud estando contigo, siendo tú y aceptándote tal cual eres, porque ya eres perfecto, nunca nada ni nadie podrá llenarte ese vacío, que no es más que la falta de conexión y valoración de ti mismo. Ya eres completo, no te hace falta nada.

Esta idea de que ya somos completos a veces nos genera hasta miedo, ya que nos damos cuenta de que todo está en nuestras manos, que la posibilidad de tener una vida plena o una vida gris sólo depende de nosotros. ¿Pero sabes qué? El miedo no es real, sólo existe en tu cerebro, no en tu esencia.

Si enumeraras todos los miedos que has tenido a lo largo de tu vida y revisaras cuántos de ellos se han hecho realidad, te darías cuenta que como mucho han sido un 1 por ciento. El 99 por ciento de tus miedos jamás se van a cumplir, al menos no cuando tú lo piensas, son sólo una ilusión.

¿Cómo puedes hacer que tus miedos desaparezcan? Actuando, ya que así el cerebro se da cuenta que la amenaza no era real y de que está a salvo. Por lo tanto, aunque sea con miedo, actúa, y verás cómo el temor desaparece.

A medida que dejamos de vivir desde el miedo y volvemos a vivir desde el amor, comenzamos a retomar nuestro centro y a aumentar nuestra claridad mental, lo que nos lleva a tomar mejores decisiones. Realizar a diario las actividades que te propongo en el libro, te ayudarán en este proceso.

Cuando vuelves a conectar contigo mismo, vuelves a estar en calma y, de esta forma, la comida, al igual que el resto de los parches, pierde sentido, porque ya no los necesitas, porque ya te has encontrado, porque te das cuenta que tienes todo lo que necesitas y siempre lo has tenido. Aquí no estamos creando nada nuevo, simplemente estamos despertando lo que ya está en ti.

¿Dónde quieres llegar?

Muchas veces no estamos bien, pero tampoco estamos lo suficientemente mal como para hacer un cambio real.

¿Has escuchado la famosa expresión «zona de confort»?

Cada día se utiliza más para definir cuando estamos en una zona segura y nos da miedo hacer cambios porque no sabemos qué pasará (como si alguien lo supiera, como si la vida no fuera incertidumbre). Ahora bien, si tu zona de confort fuese maravillosa, ¿qué problema habría? Pero la cosa es que muchos de nosotros realmente estamos en una «zona de desconfort»: no somos felices con nuestras vidas, pero al menos sabemos cómo estamos, infelices. Y pese a eso, nos quedamos ahí, porque ya conocemos cómo es vivir infelices y hemos sobrevivido a ello.

> Hemos venido a ser felices. ¡No te distraigas!
>
> Anónimo

¿Qué pasaría si fueras feliz? ¿Qué pasaría si disfrutaras de tu vida? ¿Qué pasaría si brillaras? ¿Te da miedo el qué dirán?

Cuando tú te permites brillar, comienzas a ser luz también para otros. Esa luz nos pertenece a cada uno de nosotros; buscamos y buscamos cómo «iluminarnos», pero realmente esa luz ya la tenemos, sólo necesitamos encenderla.

Es imposible ayudar a quien no quiere ser ayudado, hacerte cargo de la felicidad o infelicidad de otros o que se hagan cargo de la tuya: tu responsabilidad es hacerte responsable de tu felicidad y hacer que tu luz brille. Quizás puedes llegar a pensar que tienes tantos defectos que nunca podrás brillar, pero recuerda que cuanto más grande sea tu sombra, más grande será tu luz. Es decir, cuantos más defectos creas que tienes, más serán tus cualidades. Confía y avanza.

Una vez leí un estudio en el que se decía que de media los bebés se caen más de un millón de veces antes de aprender a caminar. Imagina qué pasaría si el bebé se hablara a sí mismo como nos hablamos la mayoría de nosotros: «Qué pena, soy un fracaso, lo hago todo mal, no sirvo para esto. Mira mi primo, tiene dos meses menos que yo y ya camina mientras que yo paso el día en el suelo, me doy por vencido...». Pero no, el bebé se cae y se vuelve a levantar, no se compara con otros ni cree que no es capaz.

¿Y sabes para qué se cae tantas veces? Porque cada vez que se levanta fortalece todos sus músculos, hasta que su cuerpo desarrolla la fuerza necesaria para poder caminar. Recuerda que tú también fuiste bebé, también te caíste y te levantaste millones de veces. Eres capaz de mucho más de lo que imaginas. Desde siempre.

> Todas las personas tienen los recursos necesarios para hacer lo que se propongan. Si no los tienen, los pueden crear.
>
> PRINCIPIO DE PNL

Siempre adelante

¿Te has sentido en momentos de tu vida sin ganas de nada? A veces esa sensación nos dura horas, días, semanas, meses o incluso años. Son temporadas en las que hasta las emociones se agotan y en las que existe mucho dolor; la autora Julia Cameron llamó a estos momentos «sequías».

Las sequías son grandes temporadas de dudas, en las que estamos luchando con nuestra confianza en nosotros mismos y en la vida. Estamos tan mal que pensamos que lo que vendrá será aún peor; vemos el presente tan oscuro, que imaginamos el futuro más negro. No tenemos ganas de nada.

Me imagino que estar pasando por una sequía es como si estuviéramos pasando por el desierto. ¿Conoces el efecto del desierto florido de mi querido Chile? Pues hay una época del año en la que el desierto florece, a esto se le llama el fenómeno del desierto florido. Y eso mismo pasa con nosotros, ¡las sequías terminan floreciendo!

Eso sí, estas sequías no pasan en nuestra vida porque sí, son épocas necesarias que nos regalan claridad y compasión: claridad de entender y aceptar donde estoy y pensar hacia dónde quiero ir y qué vida quiero crear. Además, aumentan la compasión con uno mismo, permitiéndonos el tiempo y espacio necesario para salir de este estado. Las sequías duran el tiempo que tienen que durar, ni más ni menos. Pese a que parecen «lo peor», realmente son regalos de la vida, trampolines para aprender y ser conscientes de todo lo que somos capaces de superar y avanzar.

Existen herramientas que te ayudarán a sobrellevarlas de mejor manera, como los ejercicios de este libro, que son claves para comenzar a entender y trascender una época de sequía, también te ayudará a hacer actividad física —se dice incluso que el ejercicio es un puente de conexión con nuestro espíritu— y pedir apoyo a amigos o a grupos, con más razón si no tenemos ganas de hablar, ya que así comenzamos a liberarnos de todo lo que nos presiona dentro.

> Lo que resiste, persiste.
>
> CARL JUNG

Si estás en un periodo de sequía, acéptala como tal, no te resistas a ella. Donde pones tu atención va tu energía y eso es lo que crece, es decir, lo sigues atrayendo a tu vida, ya que atraemos aquello que pensamos constantemente.

Aceptar es observar lo que ocurre sin emitir juicio, es decir, sin implicarnos emocionalmente hasta el punto de que nos inhabilite. Aceptar es ser conscientes de que en la vida pueden ocurrir eventos desfavorables —según nuestras expectativas—, pero en lugar de malgastar nuestro tiempo y energía en rechazarlos, confiamos en que todo tiene un sentido y comenzamos a preguntarnos su para qué.

La falta de aceptación es uno de los principales factores que aumenta nuestra sensación de ansiedad. La ansiedad ocurre cuando no te estás permitiendo sentir lo que estás sintiendo y comienza a desaparecer cuando empiezas a reconocer lo que estás sintiendo, sin intentar cambiarlo ni rechazarlo, simplemente mirándolo de frente y con curiosidad.

En las sesiones con mis alumnos, la sensación de ansiedad es uno de sus temas favoritos.

—Tengo ansiedad —dice una alumna.

—Yo también —responden cien alumnos más.

—¿Dónde? —les pregunto yo—. Por favor, sáquenle una foto y mándenmela. ¿La compraron en alguna tienda? Si aún tienen la garantía, devuélvanla. ¿Quizás es contagiosa? Tengan cuidado.

Al principio me miran con cara extraña, pero luego se ríen.

La ansiedad no es algo que tengamos, ni menos aún que seamos: es un estado, por lo que te puedes estar sintiendo ansioso en este momento y en el momento siguiente sentirte triste, feliz, en calma o cómo sea. Nuestras distintas sensaciones son verbos. En PNL decimos que cuando convertimos esos verbos a sustantivos, es decir, cuando los pasamos del movimiento a la quietud, es más fácil quedarnos estancados en un estado. El verbo significa movimiento. Nosotros somos energía. Somos movimiento. Cuando vuelves al movimiento, vuelves a la libertad del momento presente.

Abre la puerta a tus distintas emociones y sensaciones, recíbelas con los brazos abiertos, dales la bienvenida, invítalas a pasar a tu casa y siéntalas en el mejor lugar. Míralas de frente y pregúntales para qué han venido, qué mensajes tienen para ti.

Nuestras emociones siempre traen un mensaje. No llegaron hasta ti por equivocación ni porque se hayan perdido en el camino.

¿Qué sucede? Que muchas veces no las quieres ver ni escuchar ni sentir, por lo tanto, les cierras la puerta en la cara. Quizás al principio lo aceptan y se van, pero al tiempo vuelven, porque aún no has escuchado el mensaje que tienen para ti, y aunque las vuelvas a despreciar, regresan, cada vez con más insistencia. Incluso si no les abres la puerta, buscan otras formas de llamar tu atención.

Nuestras emociones son energía, si quieres llámala energía positiva o negativa, pero ese apellido se lo pone nuestra mente, ya que simplemente son. Las personas con un alto desarrollo de gestión emocional no pierden su tiempo negando o clasificando sus emociones, lo invierten mirándolas de frente, preguntándose el «para qué» y después son capaces de canalizar esa energía en actividades que les generen tranquilidad, ya que la tranquilidad nos regala mayor claridad, y desde la claridad es mucho más fácil encontrar las respuestas y soluciones a nuestras inquietudes.

¿Te imaginas que canalizaras toda la energía de la sensación de ansiedad y comenzaras a utilizarla en hacer todo aquello que te gusta y que disfrutas? ¿Cuántas cosas harías? Porque si nos paramos a pensar, ¿cuántas horas y energía de nuestra vida hemos invertido en sentirnos ansiosos, en reprochárnoslo y en no querer aceptarlo?

Quizás, si aceptáramos y miráramos estas sensaciones de frente, nos llevaría la mitad de tiempo descifrar sus mensajes y entender su para qué, y con la otra mitad del tiempo podríamos hacer actividades que disfrutemos, que nos ayuden a sentirnos plenos, pues desde ese estado todo se ve diferente.

Es muy distinto intentar resolver un problema habiendo dormido dos horas que habiendo dormido ocho. Lo mismo pasa con nuestros estados internos, es muy diferente buscar una solución desde la angustia y ansiedad, que hacerlo desde la calma y la confianza.

Aprender algunas habilidades básicas de la PNL nos puede ayudar a sobrellevar de mejor manera nuestras épocas de sequías, ya que como dijo Ludwig Wittgenstein: «Los límites de mi lenguaje son los límites de mi mundo». La forma en la que hablamos refleja cómo estamos pensando, con lo cual es imposible que digamos cosas positivas de forma natural si en nuestros pensamientos rondan ideas negativas. Es fundamental aprender a gestionar nuestros pensamientos —lo iremos trabajando durante todo el libro—, pero también es clave ir siendo cada vez más conscientes de nuestras palabras, ya que las palabras crean nuestra realidad y se puede expresar la misma idea desde una energía completamente diferente, como veremos a continuación.

Se habla mucho de nuestra mente consciente e inconsciente. Nuestro inconsciente, según distintos libros de PNL, guarda entre un 93 a un 95 por ciento de la información. Un día le pregunté directamente a John Grinder, el creador más reconocido de la PNL, qué eran el consciente y el inconsciente, a lo que me respondió: «Lo inconsciente es todo aquello que no es consciente y están separados por una línea imaginaria que es dinámica, es decir, en un momento necesario traes algo a tu consciente y luego cuando ya no lo necesitas, vuelve a tu inconsciente».

Esto quiere decir que nuestro inconsciente no es que sea algo oscuro, tenebroso ni que guarde los misterios de la humanidad, simplemente quiere decir que a lo largo de nuestra vida vamos acumulando tanta información que nuestra mente consciente no es capaz de recordarla todo el tiempo. De hecho, nuestro inconsciente no entiende de tiempos, que es una invención del consciente, ya que para nuestro inconsciente sólo existe el ahora.

Por ejemplo, si te regalan un pavo para Navidad y quieres hacerlo a la naranja, recordarás cómo hacerlo o bien buscarás una receta. Pero no necesitas recordar los 365 días del año, durante todo el día, cómo preparar un pavo a la naranja. Sería una locura. El no acordarnos de cierta información no significa que no la sepamos, simplemente significa que está almacenada en nuestra mente inconsciente, ya que no la necesitamos en el momento presente.

¿Cómo se almacena? A mí me ha ayudado mucho imaginarme que es como una gran bodega, con miles de estanterías llenas de cajas cerradas. Sí, cajas cerradas que se abren con distintas llaves a las cuales llamamos «palabras». Cada caja tiene varias llaves similares que la pueden abrir.

Veamos un ejemplo. ¿Qué entiendes cuando te digo que estoy bien? Piensa en la palabra «bien» y en todo lo que viene a tu mente cuando la lees, es decir, todas las palabras que asocias a ese término. Ahora, ¿qué entiendes cuando te digo que estoy mal? Al igual que con el ejemplo anterior, piensa en la palabra «mal» y en todas las palabras que vienen a tu mente cuando piensas en ese término. Y, por último, te pregunto: si en lugar de decirte que estoy mal te digo «no estoy bien», ¿qué entiendes?

Probablemente, entiendes perfectamente la idea de que no estoy bien y no he tenido la necesidad de utilizar la palabra mal para ello. Cuando pensaste en la palabra «bien» seguramente a tu consciente vinieron palabras como excelente, feliz, tranquilo, contento, sano o fenomenal, entre muchas otras, lo cual quiere decir que tanto la palabra «bien» como todas las demás que imaginaste, van a abrir la misma «caja», liberando ese tipo de energía. De la misma manera, cuando pensaste en la palabra «mal», también vinieron muchos otros términos a tu mente, pero esos prefiero no mencionarlos, para no llenarnos de esa energía negativa.

Imagínate que cada vez que usas las palabras, estás

usando la llave que abre distintas cajas; al abrirlas se expande la energía que hay dentro y eso es lo que estás atrayendo a tu vida. Recuerda que nuestras células son en un 99 por ciento energía. ¿Qué cajas eliges abrir? Eso sólo lo puedes decidir tú según las palabras que utilices, nadie más es responsable de cómo estás eligiendo expresarte.

No es necesario expresarnos todo el tiempo con palabras que abren las cajas de la energía negativa. No es necesario decir que estás muy mal, que todo es terrible, difícil o imposible, que eres gordo, feo o enfermo, y todo el conjunto de «llaves» que muchas personas usan a menudo. Te puedes expresar usando de forma inteligente el lenguaje y abriendo la mayor parte del tiempo las cajas que llenarán tu vida de energía positiva, como en los siguientes ejemplos, donde podemos expresar nuestro malestar, pero con términos positivos:

Estoy mal	=	No estoy bien
Esto es difícil	=	Esto no es fácil
Esto es imposible	=	Esto no es posible
Tengo miedo	=	No me siento seguro
Tengo ansiedad	=	No me siento en calma, no estoy tranquilo
Lo hice fatal	=	No lo hice bien
Esto está malo	=	Esto lo puedo mejorar
Estoy enfermo	=	No estoy sano, no me siento bien
No lo soporto	=	No me cae bien
Es un idiota	=	No estoy de acuerdo con esa persona
Esto es terrible	=	Esto no era lo que esperaba
Es una persona tóxica	=	No es alguien que quiera tener en mi vida

Lo que te diré ahora también es muy importante y quiero que lo tengas en consideración. Leyendo a Louise L. Hay aprendí que el inconsciente no tiene sentido del humor y que no entiende cuando estás hablando de otra persona o de ti. De esta manera, si estás hablando todo el tiempo de alguien en términos negativos, el inconsciente piensa que estás hablando sobre ti. Además, al no tener sentido del humor, cuando te hablas de forma negativa o despectiva, se lo toma en serio.

Sé impecable con tus palabras. Es un ejercicio de consciencia diaria, ve poco a poco. A mis alumnos siempre les recomiendo empezar por un desafío cada vez, por ejemplo, sé consciente cuando escribes, revisa los textos antes de enviarlos o publicarlos y pregúntate: ¿Cómo es el lenguaje que estoy utilizando? ¿Podría cambiar algo para que las «llaves» con las que me estoy expresando abran cajas positivas? Y cuando se te haga cada vez más natural escribir con «llaves positivas», comienza a fijarte cuando hablas en tu casa. ¿Cómo te expresas? ¿Podrías decir lo mismo de forma más positiva? Y entonces, una vez gestionado el entorno del hogar, comienza a practicarlo fuera de él. Ve eligiendo un contexto cada vez y tómate el tiempo que sea necesario. Ya verás cómo irás notando cambios importantes en tu vida a medida que uses las llaves que abren las cajas de energía positiva.

Otro fenómeno muy interesante es el que sucede con la palabra «no». Si yo te digo: «No te imagines una naranja, por favor, no pienses en una naranja. Y ahora no pienses en una manzana. ¿Pero qué pasa? Te he pedido que no pienses en una manzana, y menos aún en una manzana verde, grande y brillante. Y ahora, no pienses en tu chocolate favorito, por favor, no pienses en ese chocolate que te encanta». ¿Qué pasó? Lo primero que se te vino a tu mente fue una naranja, una manzana y después un chocolate, ¿verdad? El cerebro no entiende el «no». Esto es un punto clave.

Entonces si te dices: «No quiero estar así, no me quiero sentir mal, no quiero estar triste, no me quiero sentir solo...». ¿Qué está entendiendo tu cerebro? Pues para saberlo sólo necesitas volver a leer la frase quitando todos los «no». Eso es lo que entiende, esas son las órdenes que le estás dando a tu inconsciente, el cual es tan obediente que te da lo que le pides.

Esto es exactamente lo mismo que sucede cuando todo el tiempo nos repetimos: «No quiero ser más gordo, no quiero estar ansioso, no quiero comer más chocolates, no quiero comer más hamburguesas, no quiero seguir engordando». Al igual que en el ejemplo anterior, lee esta frase quitándole los «no» y quizás ahora entiendas porque, hasta ahora, no habías logrado revertir tu situación.

Entonces, la clave es decirle al cerebro lo que «sí» queremos: «Quiero estar bien, quiero sentirme con ganas, lleno de energía, con ilusión, feliz, pleno, en calma». Y en cuanto a nuestro cuerpo: «Quiero alcanzar mi peso ideal, sentirme liviano, lleno de energía, con un cuerpo saludable, activo, guapo, sexi...».

Ésta es una de las claves para estar bien, por favor recuérdala siempre:

Exprésate con lo que sí quieres, con lo que sí te gustaría que te sucediera, con lo que sí quieres atraer a tu vida.

A medida que vayas siendo cada vez más consciente de tu lenguaje, estarás más cerca de volver a florecer. Te invito a que mires fotos del desierto florido porque, aunque parezca imposible, florece, como tú también lo harás.

Resumen

- Tienes todo lo que necesitas. Eres completo.
- Busca la motivación en las cosas cotidianas de tu vida.
- Eres luz, amor, consciencia y paz.
- ¡Fuera miedos! No son reales y nos dañan.
- Acepta. Confía en ti y en la vida.
- Todo lo que vives es necesario para tu crecimiento.
- Las sequías, una vez que comprendemos su para qué, pasan.
- Las pruebas que nos pone la vida jamás serán trampas, sino trampolines.
- Habla siempre en positivo para atraer esa energía a tu vida.
- Pídele a tu inconsciente lo que sí quieres, ya que no entiende el no.
- Confía en ti. Tú puedes.

Actividades recomendadas

Los siguientes ejercicios son la base de todo el libro. Por favor, realízalos a diario, ya que son fundamentales para que consigas resultados.

1. Cita contigo mismo

Al menos una vez a la semana regálate una o dos horas de calidad para ti mismo, para hacer algo que realmente disfrutes, convirtiéndolo en un compromiso inamovible. Es como si fueses a quedar con tu actor o actriz favorito, que va a viajar todas las semanas para verte durante una hora. ¿Le dirías que no? Yo, desde luego, no le diría que no a Brad Pitt. Esto es aún más importante.

Tu cita es un momento tuyo, por lo que necesita tener sentido para ti. Puede ser dar un paseo, pintar, tejer, bailar, ir al cine, ir a tu tienda favorita, leer una revista que te encante, tomarte un café en total calma, ir a la peluquería, a un spa, de viaje, lo que tú elijas. Idealmente es preferible una actividad que hagas solo, lo que no quiere decir que sea solitaria, ya que, por ejemplo, si vas al cine o a clases de pintura también habrá otras personas, tan sólo se refiere al hecho de hacer algo por tu cuenta sin la necesidad de contar con nadie más. Aunque, por ejemplo, si no veías a algún amigo desde hace mucho tiempo, tomarte un café con él también puede servir como una cita contigo mismo, pero esto sería una excepción, puesto que la idea principal es que sea tu momento a solas contigo.

2. Dar las gracias

Te invito que todos los días, al despertar y al acostarte, des las gracias por, al menos, diez cosas de tu vida: pueden ser personas, cosas materiales, salud, trabajo, etc. Cualquier cosa por la que tú te sientas agradecido.

Se dice que hay dos formas de vivir, desde la abundancia o desde la escasez. La abundancia no se refiere sólo a lo material, hay muchas personas que económicamente tienen todas las posibilidades, pero que son muy infelices. La puerta hacia la abundancia es la gratitud, por lo tanto, si quieres comenzar a atraer más abundancia a tu vida, comienza a dar las gracias.

3. Practicar **mindfulness** *a diario*

Al menos durante diez minutos al día, te voy a invitar a que centres tu atención en tu respiración y en cómo el aire entra y sale de tu cuerpo.

Te preparé un audio especial para que lo escuches cada mañana al despertar, lo puedes descargar en <www.escueladenutricionemocional.com/regaloslibro>.

También puedes buscar un audio de escaneo corporal por tu cuenta, que sea de unos 10 minutos.

En nuestro cerebro está el músculo de la concentración y es importante entrenarlo. Se ha visto en personas que practican *mindfulness* durante ocho semanas un cambio impresionante a nivel cerebral, ya que, además de rejuvenecer el cerebro, te ayuda a gestionar la ansiedad, incluida la ansiedad por la comida.

4. Audio nocturno

Al igual que los primeros treinta minutos nada más despertamos, durante los treinta minutos antes de quedarnos dormidos nuestro inconsciente está más permeable, por lo que el momento de irse a la cama es fundamental para comenzar a hacer cambios a nivel profundo, por ejemplo, mediante audios de visualizaciones.

Te preparé un audio especial para que escuches por al menos 30 noches, te ayudará a dormir mejor y a trabajar a nivel inconsciente. También lo puedes descargar en <www.escueladenutricionemocional.com/regaloslibro>.

No te preocupes por quedarte dormido, funciona igualmente, aunque duermas porque tu inconsciente siempre está activo. Y si un día se te olvida escucharlo, continúa al día siguiente y sumas una noche más, o las que sean necesarias hasta completar al menos 30 noches.

Supongo que te preguntarás que por qué tienen que ser 30 días, y la respuesta es que la neurociencia ha descubierto que nuestro cerebro tarda unos 30 días de media en generar un hábito (algunos estudios refieren 21 y otros 33 días, así que tomaremos como referencia 30 días).

5. Páginas matutinas

Esta práctica de meditación mediante la escritura la aprendí de Julia Cameron, es un excelente ejercicio de conexión contigo mismo.

Consiste en que nada más despertar escribas tres páginas de un cuaderno pequeño sin pensar en lo que estás escribiendo, es decir, llevando a cabo una escritura automática. Debes dejar que salga todo lo que tenga que salir. Lo que escribas no está bien ni mal, simplemente es.

Te recomiendo escribir apenas despiertes y luego hacer la relajación de 10 minutos.

De primeras no leas las páginas, si quieres puedes hacerlo una vez hayas finalizado el libro. En ese momento también puedes quemarlas o hacer lo que desees con ellas.

Te invito a probar con esta práctica al menos por una semana y si no se te da bien, no la sigas haciendo. Tengo miles de alumnos que han encontrado las respuestas que buscaban, en parte, gracias a su escritura matutina.

6. Evaluación nutricional

Si quieres bajar de peso y para ti son importantes, los números, puedes ir llevando tu propia evaluación nutricional. Personalmente no lo recomiendo, porque creo que el peso es sólo una consecuencia de algo mucho más profundo y que, a medida que vayas sanando tu interior y cuidándote, irás adelgazando y lo notarás en tu ropa, energía, sensaciones, entre muchos otros aspectos, pero si aun así lo quieres hacer, te sugiero que te midas los siguientes parámetros:

- Peso
- Circunferencia de cintura
- Circunferencia de cadera

Importante: evalúate una vez por semana y hazlo siempre el mismo día, a la misma hora y si es posible sin ropa (para que no añada peso de más). En relación a la medición de las circunferencias, debes tomarlas siempre en el mismo lugar del cuerpo, por ejemplo, puedes tomar tu ombligo como punto de referencia para medir tu cintura y tu cadera en la parte más ancha.

Comparto contigo este esquema para que vayas rellenando tus datos y puedas hacer un seguimiento si así lo deseas:

Fechas/ Parámetros	Peso		Circunferencia cintura		Circunferencia cadera		¿Cómo te has sentido?
	Actual	Disminución Total	Actual	Disminución Total	Actual	Disminución Total	
Semana 1:							
Semana 2:							
Semana 3:							
Semana 4:							
Semana 5:							
Semana 6:							
Semana 7:							
Semana 8:							

2

La claridad da poder

> Mi marido y yo estábamos sentados en una cafetería tomando un café.
>
> Yo llevaba puesto un abrigo que odiaba.
>
> Aquel día yo soñaba con que un día beberíamos un buen café en un restaurante precioso y yo estaría vestida a la última moda.
>
> Mi marido me miraba y sus ojos brillaban. No entendía por qué yo estaba tan triste.
>
> Él murió joven y yo sigo aquí.
>
> A lo largo de mi vida he tenido muchos cafés caros, cafeterías bonitas y tengo un montón de abrigos preciosos.
>
> Pero no lo tengo a él.
>
> Recuerdo mucho aquel día en que lo tenía todo, pero no era capaz de verlo.
>
> ANÓNIMO

El poder del foco

La vida es abundante, tanto en lo bueno como en lo que aparentemente no lo es; si te enfocas en lo que no te gusta, cada vez aparecerán más cosas que no te gusten, porque tu cerebro funciona como un radar y es muy bueno encontrando aquello en lo que te centras. Además, no le gusta equivocarse, así que buscará todas las pruebas posibles para reafirmar tus ideas.

Por ejemplo, si piensas que estás gordo y que nada te queda bien, tu cerebro buscará todas las formas posibles para confirmártelo.

Fíjate en tus pensamientos recurrentes, fíjate en lo que

crees, fíjate cómo buscas, incluso inconscientemente, motivos para reafirmar lo que crees.

Por el contrario, si te comienzas a enfocar en lo que sí te gusta, cada vez irán apareciendo más razones para agradecer. Todo depende de ti, la única persona que puede gestionar su foco eres tú.

> El secreto del cambio es enfocar toda tu energía, no en la lucha contra lo viejo, sino en la construcción de lo nuevo.
>
> SÓCRATES

¿Qué quieres conseguir? ¿Seguir en ese hoyo donde caes a veces? ¿O comenzar a vivir y disfrutar de tu vida?

Hay veces que la vida nos trae «sorpresas» que no nos gustan ni esperábamos. En PNL se dice que las personas que alcanzan sus objetivos son aquellas que piensan un 5 por ciento del tiempo en el problema y el 95 por ciento restante en la solución. Por ejemplo, si quieres bajar de peso lo ideal sería el 5 por ciento del tiempo pensar en que tienes sobrepeso y quieres bajarlo y el 95 por ciento del tiempo restante invertirlo en hacer cosas para conseguir tu objetivo.

Si lo pensamos detenidamente, muchos de nosotros estamos gran parte del tiempo pensando en el «problema», dándole vueltas una y otra vez, y cuando descansamos de pensar en él, nos inventamos una nueva situación o justo aparece alguien para recordárnoslo. Y así, puedes estar todo el día pensando en tu sobrepeso, en lo mal que te ves y que te sientes, desperdiciando tus tesoros más preciados: tu tiempo y tu energía.

La neurociencia con sus estudios ha demostrado que tenemos entre sesenta mil y cien mil pensamientos al día y que el 80 por ciento de ellos son repetitivos y negativos, es decir, que hay días en los que podemos llegar a tener ochenta mil pensamientos negativos. Por eso, muchas veces terminamos el día exhaustos y sin entender muy bien por qué, si realmente no hemos hecho tantas cosas a lo largo del día. ¿Te parece poco generar diariamente esa cantidad de pensamientos negativos y repetitivos, que son uno de los principales ladrones de energía?

> No existe nada bueno ni malo, es el pensamiento humano el que lo convierte.
>
> SHAKESPEARE

Otra revelación en mi vida fue cuando aprendí en PNL que las situaciones son neutras, es decir, que no existe nada bueno ni malo y que la importancia de una situación es un 10 por ciento lo que pasa y un 90 por ciento la interpretación que hacemos de lo que pasa. Si, por ejemplo, tenemos sobrepeso, ese es el 10 por ciento de la situación y lo más importante es el 90 por ciento restante, es decir, la interpretación del hecho. En este caso la interpretación sería que te preguntases cómo vives tu sobrepeso, cómo lo sientes, qué significa para ti y qué resultados trae a tu vida.

¿Sabías que nuestro peso es el reflejo de lo que sucede en nuestro interior? Visto de esta forma, tu sobrepeso es una bendición que te está recordando diariamente que en tu interior hay algo que necesitas mirar. Muchas situaciones que vivimos a lo largo de nuestra vida y que no hemos sabido cómo gestionar se van quedando guardadas en nuestro interior como inconclusas. Como no lo sabemos, no les prestamos atención y nuestro inconsciente es tan sabio que hace que subamos de peso, para así mostrarnos de forma gráfica que hay heridas internas que debemos sanar.

Me viene a la cabeza Andrea, una de mis alumnas del taller *online*, que me decía que no entendía como no bajaba de peso, si vivía a dieta e iba tres veces por semana al gimnasio. Gracias a los ejercicios prácticos que hicimos en el taller *online* de Nutrición emocional descubrió muchas cosas de las que no era consciente y comenzó a sanar. Al fin y al cabo, la relación con la comida es el fiel reflejo de la relación con uno mismo. Andrea aprendió a quererse, valorarse, mimarse y respetarse, logrando así sanar la relación con ella misma y con los alimentos y, como consecuencia, bajó de peso.

De esta forma, cuando elegía qué comer no lo hacía desde la prohibición, sino desde la elección; como se quería y se cuidaba, se alimentaba con lo que sabía que le hacía bien. Por otro lado, los alimentos que no eran saludables ya no le apetecían, porque ya no quería seguir haciéndose daño a sí misma. Comprendió que ya no necesitaba castigarse, que durante su vida había hecho las cosas lo mejor que había podido y que en ese momento, desde la mujer que era actualmente, podía tomar nuevas decisiones, cambiar de opinión y elegir en libertad.

Gracias a su sobrepeso aprendió muchísimas otras cosas de ella misma, lo que le ayudó a sentirse plena, mejorar la relación con su marido, con sus hijos e incluso con su jefe. ¿Y cómo no? Si cuando mejoramos la relación con nosotros mismos, todo lo demás viene por añadidura. Incluso comenzó a ganar más dinero, ya que al aumentar su confianza, comenzó a valorar la gran profesional que era y el excelente trabajo que hacía, así que aumentó los precios de los productos que vendía y mejoró su situación económica. Todo está conectado.

Y sé que este proceso no es fácil ni rápido, pero se puede conseguir y, al igual que en su momento le pregunté a Andrea, hoy te lo pregunto a ti: ¿Qué interpretación harás de tu sobrepeso y de tus inseguridades? ¿Aquella que te acerque a tus sueños? ¿O aquella que te aleje de ellos?

Todo está en nosotros; por muy fuerte que haya sido lo que hayamos vivido, recuerda siempre que lo importante no es lo que pasó, sino la interpretación que haces de ello.

> Acepta. No es resignación, pero nada te hace perder más energía que resistir y pelear contra una situación que no puedes cambiar.
>
> DALAI LAMA

Recuerda dar las gracias por todo lo que tienes en tu vida, incluso por tu sobrepeso, y cambiar el «por qué» por el «para qué».

Así no seguirás perdiendo energía rechazando ni cuestionando las distintas situaciones, te darás cuenta de que todo tiene un sentido y que, aunque hoy no lo veas, ya lo encontrarás más adelante. A veces no es momento de entender, sino de aceptar, y cuando sea el momento adecuado las respuestas llegarán. Confía.

¿Dónde estás?

Qué piensas cuando lees las siguientes preguntas:

- ¿Dónde estás?
- ¿Cuándo sucede la vida?
- ¿Dónde se desarrolla la experiencia humana?

Todas tienen la misma respuesta: sólo en el presente, aquí y ahora. Porque si nos detenemos a pensar, ¿te está sucediendo algo en el pasado? Es imposible, el pasado no es más que el recuerdo de un presente que ya ha sucedido. Existe como memoria. Y cada vez que estás recordando el pasado, ¿en qué momento lo estás haciendo? En el presente, que es lo único real.

Vamos ahora hacia el otro lado. ¿Te ha sucedido alguna vez algo en el futuro? El futuro es una proyección de tus miedos y deseos en el momento presente. Y cada vez que imaginas el futuro, ¿en qué momento lo estás haciendo? En el momento presente, que es lo único real. Cuantas más habilidades desarrolles en el presente, más posibilidades tendrás de crear un futuro más positivo. ¿Qué estás haciendo hoy para crear el futuro que deseas?

Se dice que cuando vivimos anclados en el pasado tendemos a generar estados depresivos y cuando vivimos pensando constantemente en el futuro generamos estados ansiosos. Por eso lo ideal es vivir en el presente, ya que es lo único real, el único momento donde puedes conectar con tu centro y sentirte en paz.

> Cuida el presente, porque en él vivirás el resto de tu vida.
>
> ANÓNIMO

Elige tu pasado

¿Cómo nos marca el pasado?

Cuando nosotros nacemos somos «puros» y «libres», sin creencias, condicionamientos ni complejos. Pero a medida que vamos creciendo, vamos aprendiendo de nuestro entorno distintas creencias, valores, culturas, religiones, lenguajes, etc. Somos como una esponja que absorbe todo y, como no tenemos con qué más comparar, nos creemos lo que nos enseñan como una verdad absoluta, convirtiéndonos en el resultado de lo que aprendemos junto a lo que experimentamos.

Nuestros aprendizajes, junto a nuestra propia experiencia, nos llevan a la creación de nuestros filtros mentales. Tus filtros mentales son la «lupa» a través de la cual ves el mundo, lo que te lleva a actuar de la manera en que actúas, es decir, a tener los patrones de comportamiento que tienes. Tú no naciste con esta lupa, sino que la fuiste creando con lo que has ido aprendiendo y viviendo. No hay nadie en el mundo que tenga tu misma lupa, por lo tanto, cada persona está viendo lo que es correcto desde sus propios filtros. Incluso entre hermanos, viviendo en el mismo lugar, cada uno interpreta las situaciones de forma diferente, por lo que crea filtros diferentes. ¿Quiere decir esto que todos tenemos razón? Efectivamente, todos la tenemos o bien, visto desde otro punto, nadie la tiene, puesto que no estamos viendo la realidad como tal, sino nuestra idea de la realidad.

Dentro de estos patrones de conducta se encuentran nuestros patrones alimentarios que son hábitos que hemos ido aprendiendo principalmente de nuestro entorno. Hay familias, como la mía, en las que toda celebración tiene lugar en torno a la comida, donde el cariño se demuestra con la comida y donde estar más «rellenito» es sinónimo de estar sano. Sin embargo, hay otras familias en las que se pelea constantemente mientras se está a la mesa, incluso habiendo niños delante, por lo que la hora de comer se convierte en un momento tenso y poco deseado que nos genera ansiedad, angustia y rechazo. También hay familias donde siempre comen todos juntos y se respira mucha paz y otras donde cada uno come cuando quiere, por separado.

Cuando comenzamos a crecer y a conocer otras realidades, muchas veces nos empezamos a dar cuenta de que no estamos tan cómodos con lo que estamos viviendo en nuestra casa o que mi cuerpo, que yo creía normal, cuando veo que mis compañeros son más delgados empieza a generarme inseguridad y comienza a ser motivo de *bullying* para los demás.

Así, comenzamos a sentir distintas emociones como vacío, soledad, culpa, angustia, frustración, miedo, ansiedad, falta de merecimiento, falta de capacidad, entre tantas otras. Todas estas emociones comienzan a bloquearnos y, al no contar con las herramientas para gestionarlas, la única forma que encontramos de acallar ese ruido mental y esas sensaciones incómodas que no nos gustan es , en gran parte de los casos, con la «droga» socialmente aceptada. Y sí, digo droga porque se ha estudiado que la comida en nuestro cerebro activa el mismo centro que las drogas, el tabaco, el alcohol y el sexo. Y en general, cuando somos niños, es la droga más accesible para nosotros, convirtiéndose así en el escape perfecto para acallar todo aquello que está sucediendo en nuestro interior y que no sabemos —ni tendríamos por qué saber— cómo gestionar. De esta manera, comenzamos a crecer con estos «bloqueos emocionales», los cuales intentamos evadir mediante la comida y que no nos permiten avanzar ni solucionar nuestras heridas más profundas.

Imagina que somos una cebolla, llenos de capas que nos han ido tapando con el tiempo. Debajo de esas capas estás tú en esencia, pero no lo ves porque estás tapado, incluso puedes llegas a creer que esa esencia no existe, pero sí está, sigue estando ahí. Estas capas no son más que barreras que hemos generado inconscientemente con el fin de protegernos, puesto que nuestra mente se bloquea con situaciones que nos generan dolor y que no sabemos cómo afrontar. No es extraño, por lo tanto, que al ser niños o adolescentes nos hayamos refugiado en la comida y la hayamos convertido en nuestra vía de escape.

Además, nuestro inconsciente es tan inteligente que

aquello que en su momento le fue útil se lo graba a fuego como un comportamiento exitoso. Es por esto que repetimos ciertos comportamientos una y otra vez. Por ejemplo, seguramente la primera vez que lloraste para conseguir un juguete (por supuesto que de manera consciente no nos acordamos, pero nuestro inconsciente sí lo recuerda) conseguiste que te lo dieran. Entonces, ahora quieres conseguir algo con tu pareja y si no lo estás consiguiendo quizás tu reacción puede ser comenzar a llorar, aunque ni tú mismo entiendas por qué estás llorando en esa situación. Esto se puede deber a que tu inconsciente asocia la situación actual a esa primera vez en la que conseguiste lo que querías a través del llanto y piensa que esta vez también lo conseguirás.

Muchas veces, al repetir patrones de conducta durante décadas, ya no nos dan los resultados que deseamos. La buena noticia es que todos nuestros patrones los hemos creado nosotros mismos con todo lo que hemos ido aprendiendo y experimentando y, así como creamos estos, podemos crear nuevos patrones que estén más alineados con lo que queremos actualmente en nuestra vida.

La comida nos ha salvado en muchas situaciones a lo largo de nuestra vida: nos ayudó a calmarnos, a dejar de sentir dolor, a abstraernos de lo que estaba pasando, a bloquear aquello que no éramos capaces de ver, entre tantas otras cosas, pero hoy, desde la persona adulta que somos, es importante reflexionar sobre qué lugar le estamos dando a la comida en nuestra vida.

El efecto de calma que conseguimos con la comida a nivel químico dura tan sólo tres minutos. ¿Cuánto dura la culpa? Además, la sensación de culpa viene acompañada del automaltrato, ya que como has hecho algo «malo», te sientes culpable y un culpable merece ser castigado. Por eso, muchos de nosotros nos hemos convertido en expertos a la hora de encontrar formas de tratarnos mal, por muy sutiles que sean.

A día de hoy, lo que en su minuto fue una salvación puede haberse convertido en algo que te está atando y no te permite avanzar. La diferencia es que hoy, desde el adulto que eres, tienes un nivel de consciencia mucho mayor, el cual te puede ayudar a encontrar de otras formas esa calma, esa paz, ese consuelo. Hoy sabes que la comida no va a solucionar tus problemas y que tampoco llenará ese vacío que sientes en tu interior.

No eres tus patrones de conducta, no eres tus creencias, no eres la lupa con la que ves al mundo. Y así como creíste que eras eso, hoy puedes crearte una nueva lupa, recordando que en esencia eres amor, luz, paz, consciencia.

Y no se trata de comenzar a cuestionarnos todo lo que creemos ni que dejemos de estar agradecidos por todo lo que nos han enseñado. Sin ir más lejos, en la sociedad que vivimos creemos que es malo matar y es bueno que creamos esto, sino nos estaríamos matando entre todos. Lo que se trata es de comenzar a ser conscientes de que si estamos actuando de una determinada manera y el resultado que estamos consiguiendo no nos permite estar en calma, es importante detenernos y observar por qué actuamos como actuamos, qué creencia se esconde detrás de esa acción, qué validez tiene esa creencia, de dónde viene, si realmente la creemos y tiene sentido para nosotros o si quizás ya es momento de cambiarla.

Esto mismo pasa a la hora de comer, donde hay creencias más «engordadoras» que otras:

- «No se deja comida en el plato», y comemos hasta llenarnos como si fuéramos un barril, sin ni siquiera escuchar a nuestro estómago.
- «La comida no se tira», entonces, si sobra comida de los platos de nuestros hijos, nos la comemos nosotros, aunque no tengamos hambre. Y con esto no te

quiero decir que desperdicies la comida, pero quizás podrías servir platos más pequeños y repetir en caso que alguien quiera o guardarla en un *tupper* para más tarde.

Todo aquello que te han enseñado puedes cambiarlo si no está resonando contigo. Esto no es ser revolucionario, es vivir en coherencia con lo que piensas, sientes y haces para así sentirte en paz. A medida que vas cambiando tus filtros, es decir, tus creencias y comportamientos, irás generando nuevos patrones de conducta, entre los que se incluirán los patrones de alimentación. Esto comprende un trabajo hermoso de autoconocimiento y de elegir quién queremos ser en cada momento.

Pero una cosa importante a tener en cuenta, es que cuando creamos nuevos patrones de conducta no quiere decir que vayan a desaparecer los anteriores. De hecho, no sé si llegarán a desaparecer alguna vez, pero no te enfoques en ello; recuerda que lo que resiste, persiste, así que lo mejor es que enfoques tu energía en los nuevos patrones que quieras generar, lo que te permitirá hacerlos cada vez más fuertes.

¿Es fácil? Quizás no, pero se puede lograr. Es cierto que el cerebro se resiste a cambiar, ya que para generar cambios requiere cuatro veces más energía, es por esto que ama quedarse en la zona de confort, donde gasta la energía mínima y el resto la reserva para sobrevivir en caso de peligro. Pero lo que también dice la neurociencia es que cada vez que nosotros alimentamos una creencia o comportamiento, recordándolo y repitiéndolo, estamos generando conexiones neuronales más fuertes, por lo que cada vez que pensamos en nuestras nuevas creencias, formas de ver y actuar el mundo, las iremos fortaleciendo. Por el contrario, cuanto menos piensas o haces algo, más se van debilitando esas redes neuronales y mayor es la probabilidad que lo olvides.

Ante una situación inesperada, la conducta que más rápido vendrá a tu mente es aquella que tenga la conexión neuronal más fuerte, por eso sé paciente contigo mismo mientras estás comenzando a crear nuevas creencias y comportamientos; no es posible cambiar en una semana lo que llevamos haciendo desde hace veinte, treinta, cuarenta o cincuenta años, pero se puede lograr: sólo conlleva tiempo, constancia y confianza en uno mismo y en nuestras capacidades infinitas.

Por favor, recuerda que el cerebro no entiende el «no», entonces si sigues pensando en aquello que no quieres, seguirás alimentando esas redes neuronales y haciéndolas más fuertes. Así que piensa en lo que sí quieres, piensa en tu nueva lupa y cuando venga aquello que no quieres, simplemente obsérvalo, agradece a ese patrón antiguo porque en el momento que fue creado sí que te ayudó y explícale que hoy ya no lo necesitas. Puedes imaginar incluso que ese antiguo patrón se convierte en una nube y, desde el amor y gratitud, comienza a soplar y observa cómo se aleja más y más en el cielo.

No luches con tus antiguos patrones ni busques el «por qué» vuelven. A día de hoy se conoce una mínima parte de nuestro cerebro y muchas cosas no las entenderemos. Quédate con la idea de que cada uno de nuestros patrones de comportamiento ha tenido un sentido a nivel inconsciente, ya que la primera vez que actuamos de esta manera obtuvimos resultados, pero que quizás ahora están obsoletos y podemos elegir cambiarlos, puesto que no son parte de nuestra genética ni identidad. Esto es aplicable a todo tipo de patrones, incluidos los alimentarios.

Otro hallazgo muy interesante de la neurociencia es que se ha visto que cada vez que recordamos un hecho pasado, cambiamos algo de él, incluso los que presumimos tener buena memoria. Por lo tanto, cuantas más veces repitamos una historia, más detalles le iremos cambiando y lo más probable es que después de veinte años la hayamos cambiado bastante y, según la tendencia de nuestro narrador interno, la hayamos convertido en una historia de alegría o tristeza. Los hechos que ocurrieron no se pueden cambiar, pero sí la interpretación que nosotros le damos a los hechos, es más, la estamos cambiando constantemente al recordar las historias, modificando así su significado para nosotros. Esto nos demuestra que más importante que el hecho en sí, es nuestra interpretación ante ese hecho.

¿Te acuerdas cuando eras un adolescente y terminaste la relación con tu primer gran amor? Qué dolor sentiste, ¿verdad? Creías que el mundo se venía abajo, el corazón se te apretaba de dolor y pensabas que nunca saldrías de aquello, que no encontrarías a nadie igual. Y seguramente cuando pasó el tiempo, al recordar esta situación quizás te surgieron ideas nuevas, como, por ejemplo:

- «Cómo pude estar tan mal, si era una tontería...»
- «Menos mal que terminamos, no sé cómo me pude fijar en esa persona...»
- «Qué suerte que salí de esa relación porque si no, no habría conocido a mi actual pareja, con la que estoy mucho mejor.»
- «Qué bonitos recuerdos de mi primer amor, le deseo lo mejor.»

¿El hecho cambió? No, el hecho es el mismo, que rompiste con tu primer amor, pero con el tiempo sí cambió tu interpretación del hecho y, por consecuencia, el sentido que tuvo para ti.

La idea es que vayamos al pasado sólo cuando sea necesario, pero que no vivamos constantemente en él, porque si no tendremos un mayor riesgo de entrar en estados depresivos. Tenemos el poder de reinterpretar nuestro pasado como nosotros queramos, en pro de nuestro presente, nuestro futuro y de la vida que queremos tener en el momento que realmente existe: hoy. Nuestra mente muchas veces nos hace creer que si entendiéramos más cosas de nuestro pasado, nuestra vida sería diferente, pero no es real, cada uno obtiene las respuestas que necesita, ni más ni menos. De hecho, si supieras más cosas de tu pasado, ¿qué te hace pensar que serías más feliz?

Muchas veces esto no es más que un juego de nuestro papel de víctima y nos justificamos con la idea de que como estamos bloqueados, no podemos avanzar. Sal de ese juego de la mente, deja de bloquearte con las sombras del pasado y regálate la posibilidad de avanzar. El bloqueo es una excusa perfecta para quedarte como estás.

Existen muchas técnicas para trabajar el perdón y el agradecimiento del pasado. Por ejemplo, en mis talleres *online* de Nutrición emocional lo trabajamos con técnicas de PNL. Si sientes que tienes muchas cosas que sanar de tu pasado, te invito a que busques la forma de hacerlo; estoy segura que la vida te pondrá enfrente la mejor forma para ti.

Hace unos años conocí una teoría que dio un vuelco a mi interpretación del pasado, ayudándome a comprender, aceptar y perdonar situaciones que viví. Prefiero llamarle teoría porque realmente, ¿quién sabe que hay antes de la vida o después de la muerte? Según donde hayamos nacido creemos una cosa u otra y lo preocupante, más allá de lo que creemos, es cuando creemos que tenemos la razón, sin detenernos a pensar que si hubiésemos nacido al otro lado del mundo, creeríamos lo contrario y también pensaríamos que llevábamos razón. Por eso, siempre les digo a mis alumnos que más allá de tener razón se queden con aquello que les entregue paz. Para mí ese es el termómetro más válido ante cualquier cosa que elijamos en nuestra vida (incluso con la comida). Si lo que estás pensando, sintiendo o haciendo te genera paz, continúa por ese camino, si no, quizás sea importante detenerte y reflexionar al respecto.

Esta teoría personalmente me hizo un clic, con el que sentí una sensación de paz y gratitud tan grande que cada vez que la recuerdo se me eriza la piel. La quiero compartir contigo con total libertad: si crees que tiene sentido para ti, genial, y si no, es simplemente una forma más de ver la vida. Procura ver la vida de una forma que para ti tenga sentido y te dé tranquilidad, ya que tu mayor responsabilidad en esta vida eres tú y tu paz interior.

La teoría se conoce como «el plan de tu alma» y postula que nosotros, antes de nacer, pactamos las experiencias que vivimos aquí en la tierra tanto con nuestro grupo de almas como con nosotros mismos, es decir, venimos a vivir esta experiencia junto a otras almas que ya conocemos desde antes de nacer. Todo lo trascendente que nos va sucediendo en nuestra vida es parte de un plan superior, el cual ya conocíamos antes de nacer, pero hemos olvidado. Las almas que más te aman son las que aceptan ser parte de los mayores desafíos que se te presentarán en esta vida. Y lo aceptan sólo porque te aman.

Cada uno viene a esta vida con distintas misiones y aprendizajes, nada es casualidad. Cada uno está creando su camino, por lo tanto, detrás de los títulos que nos damos de madre, padre, hijo, pareja o amigo, entre muchos otros, existen personas con un alma, la cual tiene su propio camino. Mientras tu alma no haya concluido su misión en la vida, no puede morir, y por eso existen casos de personas que han estado clínicamente muertas y después de varios minutos han revivido, sin que se le pueda encontrar una explicación médica. También hay personas que mueren jóvenes, pero realmente decir que murieron jóvenes es una interpretación nuestra, ya que para su alma era el momento preciso. No vamos a morir antes ni después.

Cuando escuché esta teoría llevaba dos años sin hablar con mi padre. Desde que se separó de mi madre, cuando yo tenía seis años, lo sentí muy ausente y durante mi infancia y adolescencia crecí con esa sensación de abandono. Si supuestamente el hombre que más me debía querer, cuidar y proteger, no lo hacía, ¿quién más me iba a querer? Esto me llevó a tener relaciones de pareja sumamente tóxicas, soportando todo tipo de maltrato psicológico con tal de ser querida, aceptada y reconocida. En mis parejas buscaba inconscientemente a mi padre, pensando que esta vez la historia sería distinta, que aunque mi madre no había logrado cambiar a mi padre, yo sí lograría cambiar a mi pareja, que me iba a amar y a hacer feliz.

Fueron años de intentos, los cuales me llevaron a tener la autoestima cada vez más baja y una sensación de vacío que no lograba llenar con nada. Comencé a subir mucho de peso, llegando a pesar diecisiete kilos más que ahora, así que comencé a obsesionarme con la idea de que todos mis problemas se debían a que estaba gorda, y que los hombres me querrían si estuviese delgada. Así fue como pasé por dos periodos de anorexia y bulimia a los quince y diecisiete años. Cuando por fin estuve delgada, me di cuenta de que eso no había cambiado nada, que seguía inmersa en relaciones tortuosas y que, pese a tener una talla 38, nunca era suficiente para mis parejas ni para mí misma. A los veintisiete años me dio una crisis de claustrofobia y comencé a tratarme con PNL. Descubrí que esa sensación de ahogo venía desde muy pequeña, producto de las discusiones que escuchaba entre mis padres: cada vez que los oía gritar, me sentía angustiada, con ganas de escapar y con la desesperación de no saber cómo hacerlo.

Fueron tantos años de lucha, terapias con psicólogos, psiquiatras, nutricionistas, terapeutas alternativos y todo lo que me recomendaban que llegó un momento en el que me cansé y decidí dejar de hablarle a mi padre. Estuvimos así dos años hasta que un día, en España, conocí a una mujer quien, al contarle toda mi situación, me preguntó si conocía el plan del alma. Yo le respondí que no, a lo que ella añadió: «Fran, tu padre, con el dolor de su alma, aceptó abandonarte antes de que nacieras, pero ambos lo olvidasteis. A él se le encomendó esta misión, ya que sería uno de los mayores y más necesarios aprendizajes en tu vida. En el fondo de su alma, él sufre mucho más que tú por haberte abandonado, pero como te amaba tanto, aceptó esta misión porque sabía que era necesario para ti».

Y te puede sonar un poco simplista, utópico o increíble, pero te prometo que, en ese momento, todo el odio y rencor que sentía en mi corazón comenzó a transformarse en una enorme sensación de gratitud. Toda mi vida había pensado que mi papá era lo peor, pero ahora me daba cuenta de que, en el fondo de su alma, él había aceptado todo esto por mi bien, porque me amaba, porque aceptó ser uno de mis mayores maestros. ¡Fue tan liberador y sanador para mí!

Y no tengo ni idea de si esto es real o no, lo que sí te puedo decir es que ese mismo día lo llamé y desde ese momento comenzamos a tener una relación muy bonita, algo que jamás hubiese imaginado. Dejé de pensar en el «papá ideal» que existía en mi mente para abrirme paso al «papá real» que existía en mi vida. Comencé a aceptarlo, simplemente a aceptarlo: a entender que es perfecto tal cual es y que todo lo que ha sucedido ha sido perfecto como fue; que podría haber sido de muchas otras maneras, pero la manera en la que fue, fue perfecta y necesaria para mí.

Esta misma teoría la llevé a lo que sucedía con mi madre. Mi madre falleció tras una lucha de nueve años contra el cáncer. Fueron años duros, muy duros, llenos de miedo, angustia y sufrimiento. Años de vivir con esa sensación de que no quedaba mucho tiempo, lo que me generaba una gran ansiedad. A su vez, también fueron años de disfrutar la vida intensamente e intentar hacer la máxima cantidad de actividades posibles cuando estaba sana, porque no sabíamos cuánto tiempo más íbamos a tener. Aunque, si nos detenemos un instante, realmente, ¿sabes tú cuánto tiempo de vida te queda? Muchas veces se nos olvida que la muerte siempre es una posibilidad, que es parte de la vida y que, tarde o temprano, tocará nuestra puerta.

Cuando mi madre se agravaba yo no me quería separar de su lado, me angustiaba pensar que podía morirse y no estar ahí con ella. También sentía que si no continuábamos alimentando la relación de apego que teníamos, ella se moriría más rápido. Todos esos miedos me llevaban —y nos llevaban— en varias ocasiones a tener una relación de dependencia, sobreponiendo muchas veces su vida y sus necesidades a las mías.

Tras años de búsqueda, dolor, miedo y distintas terapias entendí que tras mi madre había una persona y que esa persona tenía un alma, la cual tenía su camino. Dejé de preguntarme los «por qué» y de enjuiciar la situación, de ponerle títulos de justo o injusto. Comencé a aceptar y a entender que su alma ya había pactado esa enfermedad y que yo, como su hija, ya lo sabía y también lo había aceptado.

Es como si antes de nacer Dios, o en quien creamos, nos dijera: «Muy bien, querido, tú vas a conseguir tu propósito de vida y te vas a sentir pleno y satisfecho, pero para eso tendrás que pasar por distintas pruebas». Y tras contarte todas las pruebas principales que te pondrá la vida, te pregunte: «¿Aceptas todas estas pruebas para llegar a tu propósito?». Y nosotros aceptamos. Pero luego nacemos y nos olvidamos de todo.

No quiere decir que el propósito de nuestra vida sea algo grandioso como, por ejemplo, llegar a ser presidente. Es más, últimamente creo que uno de los mayores propósitos de los seres humanos es aprender a vivir en el presente y no estar saltando constantemente a la nostalgia y culpa del pasado, ni a la ansiedad e incertidumbre del futuro; y de todo corazón creo que si conseguimos eso la mayor parte del tiempo, alcanzaremos la plenitud de corazón.

Gracias a esta teoría de las almas comencé a vivir la enfermedad de mi mamá desde otro lugar. La situación en sí no había cambiado, pero mi interpretación sobre ella sí, por lo tanto, cambió mi realidad. Y no es que no me doliera, simplemente acepté que cada uno de nosotros tiene su propio camino y que todo lo que sucede en nuestra vida es por un fin superior.

Como me enseñó un día una de mis terapeutas, más que pedir porque una persona se cure o viva, lo sano es pedir de la siguiente manera: «Pido por su máximo bienestar y para que su alma recuerde su camino». Ya que, ¿quiénes somos para intervenir en los planes del alma de otra persona, en los planes de Dios, en los planes de la vida?

Esta manera de ver las cosas me permitió aceptar el proceso que estaba viviendo con mi madre, e insisto que no se trata de no tener pena, se trata de que ese dolor no se transforme en sufrimiento, resignación, rencor, incomprensión, parálisis y finalmente depresión. Me permitió liberarme del miedo a la muerte y entender que cada alma elige el momento y la forma de morir; que si su alma prefería partir cuando yo no estuviera, era su decisión y que lo más sano para mí sería respetarla y aceptarla. Increíblemente, cuando mi madre murió yo estaba a su lado, tomándole la mano, abrazándola y dándole las gracias por ser uno de mis mayores regalos en la vida.

Le estoy agradecida por tantas cosas, especialmente por haberme regalado la vida y también la muerte. Me hubiese encantado haber podido compartir con ella muchos más años en el plano físico, por supuesto que sí, como también me hubiesen encantado tantas otras cosas en mi vida. Pero acepto que es así, que tenía que ser así y, aunque de momento no lo sienta así, porque ha sido una de las tristezas más grandes y profundas de mi vida, sé que es para un bienestar mayor, es parte de nuestro plan superior. Desde que mi madre murió, todas las mañanas al abrir los ojos agradezco a la vida por acordarse de despertarme y le digo que aquí estoy, rendida a sus pies.

Estuve muchos años intentando controlar todo y fue bastante agotador, hasta que me di cuenta de que los planes de la vida van a suceder sí o sí.

> Dios, concédeme la serenidad para aceptar las cosas que no puedo cambiar, el valor para cambiar las cosas que sí puedo y la sabiduría para conocer la diferencia.
>
> *Oración de la Serenidad*
> de REINHOLD NIEBUHR

Muchas veces nos olvidamos de disfrutar la vida porque ésta no está aconteciendo como nosotros querríamos, según nuestras expectativas, pero ¿cómo sabes que tus expectativas son las mejores? Que las cosas no hayan sucedido como queríamos o en el momento que queríamos no quiere decir que sean malas o que no las vayamos a conseguir, sólo quiere decir que la vida tiene otros planes y otros tiempos, los cuales son siempre necesarios y mejores para nosotros.

> No dudes nunca del resultado final. Y si el resultado que estás obteniendo en este momento no te gusta, es porque no es el final.
>
> JORGE BUCAY

Confía en la vida, confía en tu alma, confía en todo lo que tienen preparado para ti y vive con la plena confianza de que, sea lo que sea, era lo que tenía que ser, es perfecto como es, sucede en el momento ideal y es por un bien superior que, aunque a veces no lo parezca, ya verás que tiene sentido.

Crea tu futuro

El futuro no es más que una proyección de tus miedos, deseos y expectativas en el presente. «¿Y si...?», como si pudiéramos tener una bola de cristal para saber qué pasaría.

No quiero decir con esto que no pensemos nunca en nuestro futuro. Podemos elegir, en el momento presente, pensar en nuestro futuro, en cómo nos gustaría que fuera y planificarnos para ello. Pero después, es importante volver al momento presente. La vida es incertidumbre y cuanto antes lo aceptemos, mejor será para nosotros y nuestra paz mental. Por tanto, el futuro es incierto, existen millones de probabilidades. Lo único cierto es que pase lo que pase en tu futuro, será siempre lo mejor y necesario para ti. Vivir pensando en el futuro nos puede generar mucha ansiedad, aún más cuando lo hacemos desde el miedo, ya que como nunca podremos predecir qué pasará, nos perdemos en las invenciones y suposiciones de nuestra mente.

¿Te parece extraño que vivir desde el miedo y la preocupación nos genere ansiedad? ¿Y que esa ansiedad, producto de los patrones aprendidos desde nuestra niñez o adolescencia, la calmemos con la comida?

Viéndolo de este modo parece tan evidente, pero durante años no lo fue. Pensamos que la ansiedad por la comida la podemos solucionar con una dieta, lo que nos lleva a probar decenas de ellas. Al no funcionarnos, pensamos que la calmaremos cuando tengamos una pareja o más dinero, pero eso tampoco sucede. Y así, nos pasamos buscando fuera la solución a nuestro estado interno de ansiedad. Además, la ansiedad genera estrés y el estrés engorda (ya lo veremos en el siguiente capítulo). ¿Crees entonces que una simple dieta nos ayudará a solucionar todo esto?

¿Cómo podemos disminuir nuestros niveles de ansiedad y el miedo al futuro? Recuperando la confianza en nosotros mismos. Al recuperar esta confianza en nosotros, recuperamos la confianza en la vida; de esta forma, dejamos de vivir desde el miedo, comenzamos a vivir desde la tranquilidad y la ansiedad va disminuyendo. Como consecuencia, ya no necesitamos comer para calmar nuestras emociones, puesto que desde un estado centrado somos capaces de gestionarlas y canalizarlas de forma sana y natural.

Seamos realistas, lo único que está en nuestras manos son las decisiones que tomamos en este momento; todo lo demás, como aún no ha sucedido, no lo sabemos ni depende al cien por cien de nosotros. Pensamos que para tener un futuro prometedor debemos tomar grandes decisiones, pero realmente las grandes decisiones a lo largo de nuestra vida son pocas y son las pequeñas decisiones de cada momento las que, en su conjunto, marcan la diferencia. Me estoy sentando a la mesa, ¿qué elijo comer en este momento? Tengo una hora libre, ¿qué elijo hacer en este momento: ejercicio o ver una serie? Decisiones tan sencillas como esas van sumando y cambiando tu realidad, y lo que eliges en un momento, puedes no elegirlo en otro. Está bien, tenemos derecho a cambiar de opinión.

Estamos acostumbrados a saltar desde el pasado al futuro constantemente, pero el músculo de la atención, que está en el cerebro, se puede entrenar al igual que cualquier otro músculo de nuestro cuerpo. ¿Qué pasaría si vas al gimnasio durante una semana y te quejas a tu entrenador porque no tienes todo el cuerpo marcado? Lo más probable es que ni se te pasaría por la mente decirle algo como eso, ¿verdad? ¿Quién no sabe que para marcar abdominales necesitas meses de ejercicio (además de posibles cambios en tu alimentación)? Pues con tu cerebro pasa lo mismo, es por esto que es fundamental que hagas meditaciones a diario y seas paciente. Y si tu presente no está siendo fácil, no caigas en la trampa de tu mente de hacerte creer que tu futuro será peor porque no es verdad. Tú confía, vas por muy buen camino. Recuerda que todo lo que te ha pasado hasta ahora es perfecto y necesario para ti.

Además, tu vida es como una película: ¿puedes entender toda una película viendo sólo una escena? Claro que no. No juzgues tu película por una escena. Nadie sabe cómo terminará su película, pero siempre será de la mejor manera. Quizás, justo estés pasando por la escena más triste de tu película, o quizás no, pero da igual, toda escena pasa, toda escena va seguida de otra, y esta escena también pasará.

Resumen

- Donde pones tu foco va tu energía, eso es lo que crece y atraes a tu vida.
- Sólo tú puedes elegir donde poner el foco, si vives desde la abundancia o desde la escasez.
- Más que los hechos, es la interpretación que haces sobre ellos. Por lo tanto, más importante que tu pasado en sí es la forma en que lo estás recordando.
- Puedes cambiar el sentido de tu pasado si cambias tu interpretación sobre él.
- Todo tiene un sentido y un para qué.
- Tu futuro existe en las decisiones de tu presente.

- Cuando vivimos desde la confianza la ansiedad disminuye, y ya no necesitamos la comida para calmarnos.
- Confía en ti. Tú puedes.

Actividad recomendada

1. Cuento sobre el perdón

Te quiero invitar a leer uno de los cuentos más bonitos que he leído en mi vida. Me gustaría que, después de leerlo, escribieses tus reflexiones sobre él. Puedes guiarte por preguntas del tipo:

- ¿De qué te has dado cuenta?
- ¿Cómo se relaciona con lo que estás viviendo en tu vida?
- ¿Qué harás con este nuevo aprendizaje?

¡Que lo disfrutes!

Estaba el maestro orando junto a sus discípulos cuando se acercó un detractor espiritual que lo detestaba y, aprovechando el momento de mayor concentración del maestro, le insultó, le escupió y le arrojó tierra.

El maestro salió del trance al instante y con una sonrisa plácida envolvió con compasión al agresor; sin embargo, los discípulos reaccionaron violentamente, atraparon al hombre y alzaron palos y piedras, esperando la orden del maestro para golpearle.

El maestro en un instante percibe la totalidad de la situación, les ordena a los discípulo que suelten al hombre y se dirige a éste con suavidad y convicción, diciéndole: «Mire lo que usted generó en nosotros, nos expuso como un espejo muestra el verdadero rostro. Desde ahora le pido por favor que venga todos los días, a probar nuestra verdad o nuestra hipocresía.

Usted vio que en un instante yo lo llené de amor, pero estos hombres que hace años me siguen por todos lados, meditando y orando, demuestran no entender ni vivir el proceso de la unidad y quisieron responder con una agresión similar o mayor a la recibida.

Regrese siempre que desee, usted es mi invitado de honor. Todo insulto suyo será bien recibido, como un estímulo para ver si vibramos alto, o es sólo un engaño de la mente esto de ver la unidad en todo».

Cuando escucharon esto tanto los discípulos como el hombre, se retiraron de la presencia del maestro rápidamente, llenos de culpa, cada uno percibiendo la lección de grandeza del maestro y tratando de escapar de su mirada y la vergüenza interna.

A la mañana siguiente, el agresor se presentó ante el maestro, se arrojó a sus pies y le dijo en forma muy sentida:

«No pude dormir en toda la noche, la culpa es muy grande, le suplico que me perdone y me acepte junto a usted».

El Maestro con una sonrisa en el rostro, le dijo:

«Usted es libre de quedarse con nosotros, ya mismo; pero no puedo perdonarlo».

El hombre muy compungido, le pidió que por favor lo hiciera, ya que él era el maestro de la compasión, a lo que el maestro respondió:

«Entiéndame, claramente, para que alguien perdone, debe haber un ego herido; sólo el ego herido, la falsa creencia de que uno es la personalidad, ese es quien puede perdonar.

Después de haber odiado, o resentido, se pasa a un nivel de cierto avance, con una trampa incluida, que es la necesidad de sentirse espiritualmente superior, a aquel que, en su bajeza mental, nos hirió.

Sólo alguien que sigue viendo la dualidad, y se considera a sí mismo muy sabio, perdona, a aquel ignorante que le causó una herida».

Y continuó: «No es mi caso, yo lo veo como un alma afín, no me siento superior, no siento que me hayas herido, sólo tengo amor en mi corazón por usted, no puedo perdonarlo, sólo lo amo. Quien ama, ya no necesita perdonar».

ANÓNIMO

3

Aprendiendo a comer rico y saludable

Cuida tu cuerpo, es el único lugar que tienes para vivir.

JIM ROHN

Cuando tenemos un resfriado, algunas personas se curan tomando limonada con miel, otras necesitan paracetamol, otras antigripales más fuertes y otras incluso se agravan y necesitan ir al hospital y, según el médico que las vea, les recetarán un tratamiento u otro. Si es el mismo resfriado, ¿por qué no nos funciona a todos lo mismo? Evidentemente, como supongo que estarás pensando, porque todos somos diferentes. Entonces, bajo este principio, ¿por qué pensamos que encontraremos una dieta milagrosa que nos servirá a todos?

Llevo años en el mundo de la nutrición y me da pena ver como cada año hay una nueva dieta de moda, una nueva «luz» para millones de personas que están desesperadas por su peso (como si éste fuera el problema de raíz), nuevos gurús hablando de la salvación del cuerpo, nuevas técnicas como pegarte una malla en la lengua para no poder masticar, nuevos medicamentos, batidos, productos, llegando a un punto que ni siquiera nos importa de qué están compuestos con tal de adelgazar. Y no sólo eso, también nuevas técnicas quirúrgicas.

Siempre les pregunto a mis alumnos: «Ojos que no ven... ¿corazón que no siente? ¿Realmente es así? ¿Sabíais que una pierna pesa aproximadamente el 25 por ciento de tu peso corporal? Entonces, si pesas cien kilos y quieres pesar setenta y cinco, puedes cortarte una pierna». Ellos me responden que estoy loca, que cómo van a cortarse una pierna, pero yo les insisto: «¿Por qué estoy loca? ¿Pensar en cortarte una pierna para adelgazar te parece una locura, pero pensar en cortarte tu estómago no?».

¿Por qué no ves el estómago, significa que no existe? ¡Es una parte de tu cuerpo! Tan válida y sensible como una pierna, unos brazos o unos ojos. Y con esto no digo que no existan casos de obesidad donde sí se recomienda una intervención quirúrgica, como en la obesidad mórbida donde es tan grande el riesgo cardiovascular que se busca la manera de disminuirlo lo más rápido posible.

El tema de las cirugías me hace reflexionar sobre qué nos habrá pasado en el camino para estar tan desconectados con nuestro cuerpo, llegándolo a ver como un objeto con distintas partes, en vez de verlo como la obra más perfecta de la creación donde todo está unido, todo se conecta y funciona. ¿Qué nos pasó?

Creo profundamente en cada uno de nosotros, en nuestro cuerpo y en la maravillosa conexión que podemos lograr con él. Creo que cada uno de nosotros posee una inmensa «sabiduría nutricional» o, en otras palabras, que cada uno tiene dentro su propio «nutricionista interior». Creo que si estuviéramos conectados con nuestra propia sabiduría nutricional, sabríamos perfectamente qué, cómo, cuándo y cuánto comer, sin tener que pensarlo más allá, sin culpa ni ansiedad. Es por esto que creo que es fundamental trabajar nuestra mente, emociones y espíritu, para así poder estar conectados de forma consciente con nuestro cuerpo.

Ojalá adelgazar solucionara todos nuestros vacíos y

desconexiones con nosotros mismos y todo lo que nos rodea. Si así fuera el 80 por ciento de los pacientes operados no recuperarían su peso inicial, ni volveríamos a subir de peso después de hacer dietas estrictas. Cuando comenzamos a entender el «para qué» de nuestro peso, su razón de ser y cómo apareció en nuestra vida en vez de vivirlo como una maldición, comenzamos a ser capaces de vivirlo como una gran oportunidad de autoconocimiento y de aumentar nuestro amor propio.

Desde el agradecimiento la magia ocurre. Desde la energía del amor los cambios son posibles y duraderos. Por eso, te invito a restarle atención al odio, rencor, culpa y todo aquello que te aleja de tu verdadera esencia, para dar paso a la gratitud y al amor, y así comenzar a nutrirnos en cuerpo y alma para alcanzar nuestra mejor versión física y emocional, recordando que en este momento ya tienes el peso ideal, puesto que ha sido el peso que te ha traído hasta aquí y que te está ayudando a trabajar en tu interior.

¡Vamos a ello!

> Que tu alimento sea tu medicina y tu medicina tu alimento.
>
> HIPÓCRATES

Efecto rebote

No eres un yoyó

Nuestro cuerpo está compuesto por agua, músculo y grasa. Principalmente por agua, variando entre un 60-70 por ciento según distintos estudios. Ojalá fuésemos programables y cuando quisiéramos bajar de peso pudiéramos apretar sólo el botón de la grasa. Lamentablemente no es así, es más, lo primero que bajamos es agua, luego masa muscular y posteriormente grasa. Por ejemplo, en casos de intoxicaciones estomacales, donde las personas pueden bajar cuatro o cinco kilos semanales, realmente lo que pierden es agua y es por eso que el peso se recupera tan rápidamente. Lo mismo pasa con las dietas súper estrictas, uno cree que bajó cuatro kilos la primera semana, pero realmente es sólo agua.

Vamos a hacer un ejemplo con números aproximados, no es exacto, pero sí es útil para hacernos una idea de qué sucede. Cuando bajamos diez kilos con una dieta restrictiva, ¿de dónde provenían esos diez kilos?:

- Agua: tres kilos
- Masa muscular: dos kilos
- Grasa: cinco kilos

Por lo tanto, podemos ver que el cuerpo baja proporcionalmente, no es que hayamos bajado diez kilos de grasa. Ahora bien, dejaste esa dieta súper restrictiva y con el tiempo recuperaste esos diez kilos. ¿Los recuperaste haciendo ejercicio? ¿O comiendo? En la mayoría de los casos los recuperamos comiendo, por lo tanto:

- En relación al agua, supongamos que recuperaste los 3 kilos que habías perdido.
- Los 5 kilos de grasa los recuperaste cuando volviste a comer como antes, así de fácil.
- ¿Pero los dos kilos de músculo?

La única forma de generar masa muscular es haciendo ejercicio (y alimentándonos bien, para proporcionar nutrientes al músculo, pero no se genera por el simple hecho de comer proteínas). Entonces, esos dos kilos de masa muscular que perdiste cuando bajaste los diez kilos, ¿dónde están? Desaparecieron y en su lugar sumaste dos kilos más de grasa. El resultado es que recuperaste diez kilos, de los cuales tres son agua y siete son grasa. ¿Qué efecto tiene esto?

La rapidez de nuestro metabolismo dependerá de nuestra masa muscular, ya que el músculo es el que quema la energía. Cuanta más masa muscular tengamos, mayor será nuestro gasto metabólico basal, es decir, la energía que utiliza nuestro cuerpo para sobrevivir. Por el contrario, la grasa es prácticamente «inerte» porque no quema calorías, con lo cual, cuanto mayor sea nuestro porcentaje de grasa, menor será nuestro gasto metabólico basal. Como consecuencia de las subidas y bajadas de peso que a nivel celular se reflejan en la pérdida de masa muscular, con el paso de los años comenzamos a tener un cuerpo con mayor porcentaje de grasa y menor porcentaje de músculo. En términos de calorías, esto significa que necesitamos consumir cada vez menos calorías para mantenernos.

¿Nunca has tenido la sensación de que, pese a que comes lo mismo que antes, engordas más fácilmente? Esto es consecuencia del cambio en tu composición corporal y al menor requerimiento energético, producto de un menor porcentaje de masa muscular.

En mi opinión, los tres principales motivos que nos llevan a sufrir un efecto rebote son:

1. Hacemos dietas muy restrictivas e imposibles de seguir por mucho tiempo.
2. Eliminar los hidratos de carbono.
3. Detrás de todo deseo existe una necesidad no cubierta.

En este capítulo aprenderás las bases físicas para tener un cuerpo sano, comprendiendo que es sólo una parte de un todo y que si realmente quieres alcanzar un peso en el que te sientas cómodo, es fundamental que trabajes a diario con tus pensamientos, emociones y conexión espiritual. En relación con la necesidad que se esconde tras el deseo, por ejemplo el deseo de querer adelgazar, lo iremos trabajando en los siguientes capítulos.

Estrés y metabolismo

El estrés engorda

¿Te ha pasado que, aunque sigas una dieta al pie de la letra, te cuesta mucho bajar de peso? ¿O quizás muchas veces, al ver las cantidades que comen tus amigos en comparación contigo, no entiendes cómo tienes el peso que tienes? ¿O por más que hagas ejercicio, aun así no consigues adelgazar?

Hay un punto fundamental que pasamos por alto: una parte muy importante es «qué» comemos, pero otra parte aún más importante es «cómo» estamos comiendo, es decir, nuestro estado a la hora de comer. Por mucha lechuga que estés comiendo, si lo haces desde un estado de ansiedad, angustia, rabia, culpa o cualquier sensación incómoda, va a ser muy difícil que bajes de peso, ya que está comprobado que las emociones negativas aumentan nuestros niveles de estrés.

El estrés nos prepara para atacar o huir, los dos caminos básicos de la supervivencia humana. Es gracias a todos los mecanismos que se liberan en nuestro cuerpo en situaciones de estrés agudo, que el hombre ha podido vencer todos los contratiempos y estar vivo. Actualmente, es poco probable encontrarnos en situaciones reales donde nuestra vida se encuentre en riesgo, sin embargo, vivimos con altos niveles de estrés. ¿Cómo se puede explicar esto?

Vamos a jugar a un juego. Puedes hacerlo imaginando cualquiera de tus platos o postres favoritos, éste es sólo un ejemplo:

Quiero que te imagines un pan recién salido del horno, calentito y crujiente. Puedes untarle un poco de mantequilla y ver cómo se va derritiendo. Imagina que lo vas llevando a tu boca, sintiendo el calor del pan en tu mano, sintiendo su olor, ese olor tan especial del pan recién salido del horno... Vas acercando el pan a tu boca, sintiendo ese calor en tus labios, sientes su olor junto con el de la mantequilla y al morderlo te das cuenta de lo crujiente que está y cómo la mantequilla derretida potencia su sabor y va llenando toda tu boca...

¿Has comenzado a salivar? ¿Dónde está el pan? ¿Te das cuenta del poder de tu cerebro y cómo incluso la imaginación puede generar cambios físicos en tu cuerpo (en este caso la salivación)? ¿Cómo es que ante un estímulo imaginario comenzamos a tener incluso una respuesta física? Esto sucede porque el cerebro no distingue entre lo real e imaginario.

Vamos con otro ejemplo: ¿Qué sientes cuando te intentas poner un pantalón y no te cierra? ¿O cuando has seguido la dieta estrictamente toda una semana, te pesas y ves que no has bajado ni un gramo (o a veces incluso has subido)? ¿Acaso todas estas situaciones no te generan estrés?

El estrés que vivimos actualmente no es porque nos encontremos de frente con un animal salvaje ni porque hayan heladas y tengamos que hibernar en una cueva por meses, sino que tiene su raíz en nuestros pensamientos, los cuales la mayoría de las veces, no son reales, pero como nuestro cerebro no distingue entre lo real y lo imaginario, para él es como si estuviera sucediendo de verdad. Nuestro cerebro no entiende si ese estrés que sientes es porque viste un león o porque no te pudiste cerrar el pantalón.

Algunos de los factores más comunes que nos pueden generar estrés son:

- Miedo profundo
- Problemas de pareja
- Problemas con los hijos
- Problemas en el trabajo
- Problemas económicos
- Problemas con tu sexualidad
- Pensamientos «negativos»[1]
- Emociones «negativas»
- Hábitos abusivos
- Rechazo de tu cuerpo
- Miedo a engordar
- Incapacidad de seguir una dieta
- Tener en tu despensa chocolates, galletas y comida poco saludable
- Comprarte ropa
- Pesarte y ver que no has bajado de peso

¿Cuántos de estos factores están presentes en tu vida cotidiana? Quizás la mayoría de ellos. Esto hace que un estrés agudo, al ser sostenido en el tiempo, se convierta en un estrés crónico.

Algunos de los múltiples efectos del estrés, es alterar tres de los sistemas principales que regulan nuestro metabolismo, peso, energía y sexualidad: el sistema nervioso, el sistema endocrino y el sistema inmune.

1. «Negativo» está entrecomillado porque los acontecimientos son neutros, ni buenos ni malos, somos nosotros los que les damos la connotación.

Estrés y sistema nervioso

Sin el deseo de parecer un libro de fisiología, creo que es importante, sobre todo para aquellos a los que les gusta la parte científica, conocer algunos de los efectos del estrés en nuestro cuerpo y cómo esto repercute en nuestro peso. Así tendréis más argumentos de por qué mantener un estado de calma es esencial a la hora de querer adelgazar.

Dentro de las repercusiones en el sistema nervioso, el estrés altera el sistema nervioso autónomo, donde se encuentra el sistema simpático y el parasimpático. Los altos niveles de estrés activan el sistema nervioso autónomo simpático, el cual activa el estado de supervivencia, produciendo, entre otras cosas, una alteración en los neurotransmisores que aumentan las catecolaminas (que son la adrenalina, dopamina y noradrenalina). Cuando esto sucede, se detiene la función digestiva, ya que cuando tienes que huir de un león, que sería un evento de estrés real, tu cuerpo no va a estar pensando en digerir y absorber nutrientes, sólo piensa en sobrevivir.

Además, el estado de supervivencia, enlentece nuestro metabolismo, favorece la acumulación de grasa y dificulta la generación de masa muscular. Entonces, si estás viviendo en un estado de estrés crónico, ¿crees que con una simple dieta vas a conseguir activar tu metabolismo y adelgazar?

Estrés y sistema endocrino

Nuestro tejido graso es el mayor órgano del sistema endocrino. Personalmente le tengo bastante cariño, siempre les digo a mis alumnos que es el órgano más generoso de nuestro cuerpo, porque tiene una capacidad ilimitada y recibe todo aquello que nos sobra o que los demás órganos no quieren, principalmente el azúcar y las moléculas de grasa que están dando vueltas por la sangre.

Dentro del sistema endocrino encontramos las cinco hormonas principales que están involucradas en la regulación de nuestro peso corporal:

- Cortisol
- Insulina
- Grelina
- Tiroides
- Hormona del crecimiento

Sólo a modo de ejemplo y para hacerlo más gráfico, tomemos una de estas hormonas, ya que todas tienen efectos similares: Si conoces a alguien que haya tomado o esté tomando corticoides en altas dosis te habrás fijado en que se hinchan y suben mucho de peso. Pues el componente básico de los corticoides es el cortisol. Cada vez que te sientes ansioso estás liberando cortisol a la sangre (entre muchas otras hormonas), generando efectos muy similares a los corticoides.

El estrés crónico genera un desequilibrio hormonal el cual activa el tejido graso, favoreciendo la acumulación de grasa, principalmente grasa visceral, que es la que se encuentra en nuestra zona abdominal. A su vez, dificulta la generación de masa muscular; aumenta el hambre; enlentece nuestro metabolismo, es decir, quema menos calorías; aumenta el riesgo de diabetes tipo 2; aumenta el riesgo de depresión y disminuye nuestro apetito sexual.

Estrés y sistema inmune

Dentro de todos los efectos del estrés en este sistema, además de debilitar nuestras defensas y hacernos más propensos a enfermar, voy a destacar la alteración de los glucocorticoides y las catecolaminas, las cuales generan debilitamiento, estados proinflamatorios (son los estados donde se desarrollan la mayoría de las enfermedades crónicas) y alteran la función de algunas de las principales hormonas involucradas en nuestra función metabólica, como el cortisol y la insulina, con las consecuencias que leíste en el punto anterior.

¿Qué pasa cuando vivimos desde la calma en lugar del estrés crónico?

Esto no quiere decir que nunca tengamos episodios de estrés, claro que sí, estamos vivos y queremos sobrevivir, pero es muy distinto pasar por estados de estrés puntuales a que estos se vuelvan crónicos.

Al vivir de forma habitual en estados de calma, nuestro cuerpo ejerce el efecto contrario, es decir, activa nuestro metabolismo, favorece la creación de masa muscular, favorece la disminución del peso, regula nuestra digestión, apetito, deseo sexual y ánimo.

En resumen el estrés

Desregulación hormonal (cortisol-insulina-gh-tiroides-grelina)	Aumenta ansiedad y deseo de comer comida no saludable	Aumenta riesgo enfermedades cardiovasculares
Activa tejido graso	Enlentece creación masa muscular	Además de OB: HTA (aumenta presión) DM 2 (Insulina)
Aumenta grasa visceral	Disminuye deseo sexual	Aumenta riesgo enfermedades infecciosas
Enlentece quema de calorías	Aumenta riesgo depresión	Aumenta oxidación (envejecimiento)

También se ha demostrado que al generar pensamientos positivos, disminuimos nuestros niveles de estrés y cortisol. En consecuencia, si trabajamos en crear pensamientos positivos, estaremos favoreciendo bajar de peso.

A su vez, aumentar tus niveles de serotonina, conocida como «la hormona de la felicidad», además de ayudarte a sentirte más feliz, disminuye tu apetito y peso corporal, por lo que es fundamental regalarnos espacios para hacer aquello que disfrutamos. ¿Quién podría imaginarse que hacer algo que te gusta puede ayudarte a adelgazar?

Incluso se ha visto en diferentes estudios que cuando respiramos de forma calmada estamos activando nuestro sistema nervioso parasimpático y aumentando el oxígeno en la sangre, lo cual es clave para la combustión de los alimentos (de hecho, la tasa metabólica basal se mide por la capacidad de oxígeno que tengamos) y como resultado, estamos activando nuestro metabolismo, favoreciendo una correcta combustión y absorción de nutrientes, quema de grasa y generación de músculo.

¿Te habías parado alguna vez a pensar cómo el estrés puede estar influyendo en tu peso? Creo que cuando comenzamos a entender la raíz del problema, nos vamos haciendo mucho más conscientes de los pasos a seguir y la sensación de culpa o fracaso disminuye, ya que la mayoría de las dietas o supuestas soluciones al tema del sobrepeso son incompletas.

Todas las actividades que te propongo en el libro te ayudarán a estar en el estado adecuado a la hora de comer, es decir, en «cómo» estás comiendo y lo que compartiré a continuación son las bases de «El Método de los 4 Elementos», que te ayudarán a saber «qué» comer, para que así consigas el equilibrio y veas resultados reales y a largo plazo.

El Método de los 4 Elementos

Cuando era niña y mi madre me llevaba a nutricionistas, ya fuese por sobrepeso o bajo peso según el momento en el que estuviera, me llamaba mucho la atención que me dijeran qué podía comer y qué no, pero sin explicarme nada más, sin preguntarme qué me gustaba, sin saber cómo comíamos en casa. ¿Cómo alguien que no me conocía podía elegir por mí? ¿Cómo de efectivo podía ser eso? Y así me pasaba lo que le pasa a la mayoría: durante unos días sigues las pautas, pero luego vuelves a tus costumbres, porque hacer algo de forma mecánica es muy diferente a hacerlo con consciencia y conocimiento.

Cuando entré en la universidad para estudiar nutrición, comencé a entender el porqué de las pautas que me habían entregado, comencé a ser consciente de las indicaciones y para qué me servían. Durante diez años de práctica y estudio estuve pensando cómo podía enseñarles a mis pacientes y alumnos, de forma fácil y rápida, lo que yo había aprendido en años de estudio. Así fue como nació «El Método de los 4 Elementos», que quiero compartir contigo.

No es nada que no se haya estudiado antes, nada que no me hayan enseñado en la universidad y no es que me lo haya inventado yo; tampoco es una verdad absoluta ni un método que vaya cambiando año a año con todos los estudios y tendencias que van apareciendo constantemente. Personalmente, creo que la vida es tan variada y nos regala la posibilidad de aprender y experimentar tantas cosas, que invertir gran parte de mi tiempo y energía diaria en investigar sobre nutrición, en probar todos los productos nuevos que van saliendo, en saber si es mejor tomar el vaso de agua antes o después de comer, entre muchas otras cosas, no es algo que yo desee para mi vida ni que vaya a aconsejar a mis alumnos, ya que no estoy dispuesta a que mi vida gire en torno a la comida, existiendo tantas otras actividades y temas que me apasionan.

Cada uno de nosotros es libre para llevar la alimentación que desee llevar y dedicarle el tiempo que estime necesario. Por supuesto que existen muchos colegas que sí están invirtiendo su vida en todo esto y a quienes respeto profundamente, que estarán mucho más actualizados y no te extrañe que propongan alternativas diferentes a las que yo compartiré en este capítulo. Es importante que tengas en consideración que, según un estudio u otro y dependiendo la tendencia del grupo de investigadores, llegarán a distintas conclusiones así que, al igual que en todos los temas de la vida, no existe una sola verdad.

¿Qué es lo que tiene sentido para ti? ¿Qué es lo mejor para tu cuerpo? ¿Qué te gusta más comer? ¿Qué posibilidades económicas tienes? ¿Cuál es tu nivel de compromiso con tu salud y la de tu familia? ¿Qué estás dispuesto a cambiar? ¿Qué no estás dispuesto a quitar? Creo que este tipo de preguntas son más trascendentales que preguntarnos si es bueno comer fruta de noche o si es mejor cocinar los alimentos al horno o en una olla. Lo que nos está enfermando no es comer una fruta a una hora u otra ni usar más o menos el horno, son un cúmulo de prácticas que hacemos a diario, producto de nuestros estados de ansiedad y no detenernos a calmar nuestra mente, gestionar nuestras emociones y elegir de forma consciente qué es lo que queremos realmente.

«El Método de los 4 Elementos» es la forma más fácil y práctica que encontré de explicar una nutrición sencilla, equilibrada, ordenada y con la que tú mismo, a través de tus gustos, costumbres y preferencias, puedas elegir qué comer, consiguiendo de esta forma una mayor adherencia a los cambios, ya que los harás desde tu libertad de elección y nivel de compromiso, sin obligaciones, restricciones ni verdades absolutas.

Soy de la idea de que una vez que conseguimos una base de alimentación saludable, podemos comenzar a experimentar con las tendencias alimentarias que deseemos, pero que no es posible ir de cero a diez de un viernes a un lunes. Es importante ser conscientes que todo cambio es un proceso que requiere tiempo y creo que «El Método de los 4 Elementos» puede ser un punto de inicio excelente para comenzar a mejorar tu nutrición y la de tu familia. Y quizás te sientas tan bien, como le pasa a la mayoría de mis alumnos, que no necesites seguir buscando y comiences a invertir tu tiempo en otros temas que te resulten interesantes. Pero primero, antes de explicarte detalladamente «El Método de los 4 Elementos», me gustaría compartir contigo algunas de las dudas más frecuentes que encuentro con mis alumnos, para que así tengas más claridad a la hora de aplicarlo:

1. *¿Lo puedo aplicar a toda mi familia?*

¡Sí, por favor! Ojalá siempre hubiésemos comido de forma saludable y equilibrada. Lo más probable es que si así fuera, yo no hubiese escrito este libro ni tú te hubieses interesado por estos temas. Enseñarles a tus hijos a cuidarse es una de las mejores herencias que les puedes entregar.

«El Método de los 4 Elementos» no es más que una alimentación saludable, ideal para toda la familia; lo único que cambian son las porciones, ya que los niños deben comer menos que los adultos (para conocer las porciones en los niños es importante que consultes con su pediatra o nutricionista infantil).

2. *¿Es necesario contar calorías?*

Mi opinión personal es que no; ni siquiera yo cuento calorías. Creo que aún más importante que las calorías es la calidad alimentaria. Por ejemplo, los refrescos *light* no tienen calorías ¿los hace esto buenos para nuestro cuerpo y salud? Claro que no, son unas bombas químicas que nos dañan. Además, contar calorías te puede suponer un estrés extra (y ya sabes qué sucede cuando nos estresamos).

3. *Si no es una dieta, ¿por qué existen porciones y pautas recomendadas?*

Si fuésemos capaces de estar en profunda conexión con nuestro cuerpo no serían necesarias las pautas alimentarias, ya que sabríamos perfectamente qué, cómo, cuánto y cuándo comer. Ahora bien, el desafío es generar esa conexión con nuestro cuerpo, la cual se logra mediante una consciencia plena; es por eso que te pido que hagas relajaciones diarias, las citas contigo mismo, meditaciones y visualizaciones, entre otras actividades, ya que cuanto más conectado estés contigo mismo, más conectado estarás con tu propia sabiduría nutricional. Sin embargo, hasta que llegues a ese punto, es importante seguir las pautas recomendadas.

En el capítulo 4 reforzaremos la consciencia corporal mediante el *mindful eating*.

4. *¿Qué pasa si como, pero sigo con hambre?*

Esto puede deberse a diferentes motivos. Uno de los más comunes es la sensación de ansiedad. Esto lo iremos trabajando a lo largo de todo el libro y si realizas las actividades propuestas en el capítulo 1, estoy segura de que la irás calmando. Otro factor bastante común es el hambre celular. Las células no hablan nuestro idioma; ojalá pudiesen hablar claro y nos dijeran «Juanita, necesitamos vitamina C, por favor, ¿podrías comerte una naranja?», pero se comunican con nosotros mediante sensaciones de nuestro cuerpo, como, por ejemplo, la sensación de hambre. Por eso, hay veces que acabas de comer una comida muy baja en nutrientes, por ejemplo, un donut, y sigues teniendo hambre, así que te comes otro donut e incluso otro más, y no entiendes cómo puedes seguir teniendo hambre. ¡Pero es que tu cuerpo no necesita eso! Por eso, por mucha comida que consumas, si es de baja calidad, no saciarás tu hambre. Por mucho que llenes el tanque de tu coche con Coca-Cola, éste no va a funcionar porque para funcionar necesita gasolina. Lo mismo ocurre con la comida, tu cuerpo te sigue enviando la sensación de hambre porque tiene hambre de nutrientes.

5. *Sólo pensar en hacer todos estos cambios me da mucha ansiedad. ¿Qué hago?*

Comienza poco a poco. Si llevas veinte, treinta, cuarenta o hasta cincuenta años comiendo descuidadamente, ¿realmente crees que habrá una gran diferencia para ti y tu cuerpo si tardas tres meses en aprender a comer de la mejor manera? ¿O incluso si tardas un año?

A veces tenemos ideas tan locas como querer hacer en una semana lo que no hemos hecho en treinta años, y eso no es justo ni para ti, ni para tu cuerpo. Si queremos hacer todos los cambios a la vez, nuestro cerebro se vuelve loco y al final no haremos nada. Comienza poco a poco, un cambio cada vez, hasta que te acostumbres y puedas pasar al siguiente cambio.

6. *¿Puedo aplicar «El Método de los 4 Elementos» si soy vegetariano o vegano?*

Por supuesto. Existe gran variedad de alimentos para que puedas ir adaptándolos a tus preferencias y necesidades. Sí que es importante que consultes a tu médico y tomes los suplementos nutricionales necesarios.

Es fundamental tener en cuenta que quienes comemos de todo, no estamos exentos de presentar déficits nutricionales, por lo que es esencial que todos consultemos periódicamente a nuestros médicos.

7. *¿Qué pasa si mido menos que el promedio de la gente o no hago nada de actividad física?*

En este caso te recomiendo elegir las porciones mínimas de cada grupo alimentario. No necesitas una alimentación diferente, sino consumir menos cantidad.

8. *¿Bajaré de peso si tengo resistencia a la insulina?*

Perfectamente. Lo ideal es que estés bajo control médico, sigas «El Método de los 4 Elementos» y aumentes tu actividad física. Está comprobado que la actividad física aumenta la sensibilidad de tus órganos ante la insulina, por lo que evita parte del sobresfuerzo del páncreas para producir más insulina.

Recuerda también que el estrés altera la insulina así que, cuanta más habilidad tengas para gestionar tu estrés, más estarás ayudando a tu cuerpo a regular esta hormona.

La resistencia a la insulina es una condición reversible: no todo resistente a la insulina llega a ser diabético tipo 2, pero todo diabético tipo 2 sí fue previamente resistente a la insulina. Si tienes resistencia a la insulina, todavía estás a tiempo de evitar una diabetes.

9. ¿Qué pasa si tengo hipotiroidismo?

Se ha visto que pacientes con hipotiroidismo pueden subir en promedio cinco kilos, atribuibles a esta condición; no quince ni veinte. Si tienes las hormonas de la tiroides reguladas —eso lo tienes que ver con tu médico— no deberías tener dificultades para bajar de peso. Tengo cientos de pacientes con hipotiroidismo que han logrado bajar el peso que deseaban.

Siempre me acuerdo de Manuela, una de mis alumnas, que pensaba que nunca bajaría de peso porque tenía hipotiroidismo, pero cuando comenzó a sanar a su niña interior, a tratarse con amor, a gestionar sus emociones y ordenar sus comidas con «El Método de los 4 Elementos», consiguió bajar nueve kilos en dos meses.

También tengo algunos pacientes que refieren que sus médicos le han dicho que al consumir Euritox es mejor evitar alimentos integrales antes del medio día porque puede inhibir su efecto, mientras que hay otros médicos que dicen que no pasa nada. Por eso, si tienes dudas al respecto, es mejor que lo hables directamente con tu médico, que debería ser endocrino, ya que son los expertos en temas hormonales.

Recuerda también que el estrés altera las hormonas de

la tiroides, por lo cual, cuanto mayor sea tu habilidad para gestionar tu estrés, más estarás favoreciendo la regulación de estas hormonas.

Por supuesto que realizar actividad física nos ayuda a todos, aún más si tienes hipotiroidismo.

¿Cómo nació «El Método de los 4 Elementos»?

En la naturaleza existen muchos alimentos, los cuales podemos agrupar según sus propiedades nutricionales. Por un lado tenemos los macronutrientes, es decir, los nutrientes grandes, los cuales necesitan ser digeridos por nuestro cuerpo; estos son las proteínas, los hidratos de carbono y las grasas.

Por otro lado están los micronutrientes, que son las vitaminas y minerales, y que se encuentran en muchos alimentos. Al ser nutrientes pequeños, son absorbidos fácilmente por nuestro cuerpo.

Me pareció que la forma más sencilla de explicarlo era agrupar los alimentos en cuatro grupos a los que llamé «cuatro elementos», basándome en los tres grupos de macronutrientes y el grupo de micronutrientes, todos ellos igual de importantes:

- Elemento 1: proteínas
- Elemento 2: hidratos de carbono
- Elemento 3: grasas saludables
- Elemento 4: frutas y/o verduras

La idea es que en tus comidas principales estén presentes los cuatro elementos, o al menos tres, y en tus meriendas o colaciones estén presentes al menos dos de ellos.

Todos los alimentos de calidad poseen macro y micronutrientes pero, según los que poseen más, los clasificamos en un grupo u otro para fines prácticos y educativos. No te quedes con la idea de que un alimento sólo aporta un tipo de nutriente, sino más bien que tiene varios nutrientes y algunos en mayor cantidad que otros; es por esto que está en un grupo determinado. Por ejemplo, que un alimento esté en el elemento de proteínas no quiere decir que no tenga hidratos de carbono, quiere decir que el aporte principal del alimento es la proteína.

Creo que es importante no ser tan literales en la clasificación alimentaria ni invertir el tiempo pensando en que esto no está bien porque leímos que el aguacate tenía proteínas y aquí está en grasas saludables o cómo es posible que la leche vegetal esté en proteínas y no en hidratos, etc. Ésta es sólo una clasificación práctica para poder organizar tus comidas diarias de forma fácil. Por supuesto que podríamos ser mucho más meticulosos y detallistas, pero ¿realmente merece la pena invertir horas de tu día pensando en comida, calorías y porciones exactas? A mi parecer no: la vida es increíble y muchas veces no la disfrutamos por perder horas y horas en nuestras obsesiones y perfeccionismos.

Ten siempre presente que lo que comes algunas veces no es lo importante, es lo que eliges la mayoría de las veces lo que marca la diferencia. Por lo tanto, que un día no comas de forma saludable no significa que no seas saludable —de hecho, te invito a que comiences a repetir esta afirmación, «soy saludable», aunque no te sientas así, porque lo que crees en tu mente, creas en tu realidad.

¿Cómo poner en práctica «El Método de los 4 Elementos»?

«El Método de los 4 Elementos» es un estilo de vida seguro, saludable, variado y muy completo. Como muchas cosas nuevas al principio quizás no nos resulte fácil, pero con el paso de los días lo adoptaremos como un nuevo hábito y estoy segura de que te encantará.

1. ¿Cuándo comer?

Lo ideal sería que desarrolláramos la capacidad de escuchar a nuestro cuerpo y comer realmente cuando tengamos hambre, sin importar el tiempo que haya pasado entre una comida y otra, ni las veces que hayamos comido, puesto que nuestro cuerpo tiene la capacidad de autorregularse, y si estamos en conexión con él, lograremos escucharlo y alimentarnos de manera natural e intuitiva.

Pero como éste es un trabajo a largo plazo (quienes practican el *mindfull eating* lo suelen lograr, como ya veremos en el próximo capítulo), te invito a seguir ciertas recomendaciones generales, comprendiendo que la mejor recomendación será que escuches a tu propio cuerpo:

Comer idealmente cada tres horas y, como máximo, cada cuatro.

Esto es fundamental para mantener nuestro metabolismo activo, acumular menos grasas y no llegar con ansiedad a la siguiente comida.

Desayunar antes de las nueve de la mañana.

Esto es importante por muchos motivos. En relación con el peso, es fundamental saber que nuestro estómago produce la grelina, conocida como la hormona del hambre, la cual tiene un ritmo circadiano que tiene su pico máximo durante la madrugada. ¿Te ha pasado que sales de fiesta y en la madrugada tienes un hambre que te lo comerías todo? Esto es por el pico máximo de la grelina. Entonces, si no cortamos ese pico antes de las nueve de la mañana, la cantidad de grelina en sangre habrá aumentado, es decir, sentirás más hambre durante el día y lo más probable es que comas más de lo necesario.

Cenar antes de las nueve de la noche (a excepción de que cenes más tarde, porque estés haciendo ejercicio o por tus horarios laborales).

Durante el día nuestro cuerpo está expuesto a factores ambientales que generan oxidación en nuestros órganos y rompimiento de tejidos. La idea es que durante la noche nuestro cuerpo tenga un reposo metabólico y así utilice la energía para reparar los tejidos dañados durante el día. Si cenamos al menos dos horas antes de irnos a la cama estamos ayudando a que nuestro cuerpo se mantenga más sano y joven porque el tejido de la piel, llamado dermis, también se ve afectado durante el día, así que si comemos muy tarde, nos arrugamos más. Además, favorecemos un descanso más pleno, lo que es fundamental para mantener un peso ideal.

¿Qué pasa en caso que trabajes de noche o tengas otros horarios? Acomoda el método a tu ritmo y posibilidades. Puedes variar los horarios, por ejemplo, si trabajas de noche y luego duermes de ocho de la mañana a las tres de la tarde, puedes comenzar el día con tu almuerzo o comida a las tres de la tarde y luego a las seis de la tarde tu colación o merienda, a las nueve de la noche tu cena, a las doce de la noche tu colación o merienda y a las tres de la mañana tu desayuno.

Toma toda la información de este capítulo y de forma práctica, medita cuál es la mejor forma de adaptar las recomendaciones a tu realidad actual.

2. ¿Cómo preparar los alimentos?
Existen muchas formas de preparación y la mayoría de ellas son saludables. Te recomiendo principalmente al horno, a la plancha, al vapor, salteados, guisados, estofados. Elige la que quieras pero, por favor, evita las frituras (término que incluye también los rebozados y tempuras).

Comer frituras es como si te inyectaras grasa saturada en vena, como si pescaras un trozo de carne, le quitaras la grasa y te inyectaras esa grasa en tu cuerpo. Qué mal suena, ¿verdad? Pues eso es lo que le estás haciendo a tu cuerpo. Incluso si el aceite que usamos es de buena calidad, las grasas se saturan al calentarse, es decir, químicamente pasan de ser grasas insaturadas (grasas saludables) a grasas saturadas de cadena larga (perjudiciales para la salud).

Como excepción tenemos el aceite de coco, que es el único que resiste altas temperaturas, seguido por el aceite de oliva que, aunque lo ideal es comerlo crudo, resiste mejor la temperatura que otros aceites.

3. ¿Cuánto comer?
Las cantidades para cada persona dependerán de distintos factores, los principales son:

Nuestro género
Las mujeres biológicamente tenemos un mayor porcentaje de masa grasa porque nuestro cuerpo está preparado para ser madres y necesitamos conseguir la distención abdominal. En cambio, los hombres tienen un mayor porcentaje de masa muscular. Por lo tanto, en general los hombres necesitan consumir más calorías que las mujeres.

Edad
Los niños y adolescentes suelen necesitar más energía que los adultos que llevan a cabo una actividad física ligera o moderada.

Actividad física
Cuanta más actividad física realicemos, más aumentaremos nuestra masa muscular y más energía quemará nuestro cuerpo, por lo que nuestro requerimiento energético será mayor.

Requerimientos especiales
En caso de alguna enfermedad determinada es muy importante que consultes a tu médico.

Embarazo
Puedes seguir perfectamente «El Método de los 4 Elementos» estando embarazada, es muy beneficioso para ti y tu bebé. En relación con las porciones, es importante que lo hables con tu nutricionista o con tu médico, ya que pueden variar según tus análisis de sangre y posibles requerimientos especiales.

Líquidos
Nuestro cuerpo está compuesto en un 60-70 por ciento por agua, así que es fundamental mantenernos hidratados. Si sólo bebes agua cuando sientes sed, es porque ya tienes un grado de deshidratación.

¡Ojalá beber 2 litros de agua al día adelgazara! ¿Te imaginas que fuera tan fácil? El agua no adelgaza de por sí, aunque es cierto que al confundir la sed con hambre, si nos mantenemos hidratados no corremos este riesgo, con lo cual comeremos menos.

Beber agua es esencial para todas nuestras funciones vitales y mentales; moriríamos antes si dejamos de tomar agua que si dejamos de comer. Muchas veces cuando comenzamos a deshidratarnos nos da sueño, nos duele la cabeza, nos sentimos lentos para pensar o incluso sentimos hambre. Cuando tengas alguno de estos síntomas bebe líquido y ve observando qué pasa.

Digo líquidos porque a veces creemos que sólo cuenta el agua, pero si te cuesta beber agua sola, también puedes tomar infusiones, té, aguas con sabores naturales (por ejemplo: naranja y canela, menta y limón, limón y jengibre, manzana y pepino) y así prepararte tus aguas con sabor de forma natural. Para endulzar evita el azúcar, incluso el moreno, que es simplemente un azúcar «teñido». Procura siempre utilizar endulzantes naturales como, por ejemplo, estevia. Incluso puedes comprarte la planta y usar directamente las hojas.

Si te gusta el café procura consumirlo en grano y no abuses de él, sólo una o dos tazas al día, con endulzante. Si tienes hipertensión o estás embarazada evita el café y el té; puedes tomar infusiones y té de rooibos que no contienen teína ni cafeína.

Procura beber alrededor de dos litros de líquido al día, aunque algunos necesitaremos más o menos que otros. Observar tu orina puede ser un buen truco: si ves que es de color amarillo concentrado, probablemente necesitas beber más líquido para aclararla.

Fibra

Tanto la fibra soluble como la insoluble son beneficiosas. Como bien sabemos, se ha comprobado su efecto como protectora cardiovascular, regulando el azúcar en sangre, la presión arterial, el colesterol y favoreciendo el tránsito intestinal.

Lo que pocos saben, es que para que la fibra ejerza todos sus beneficios es necesario emulsionarla, es decir, por muchos alimentos integrales que consumas, si antes de comerlos no te tomas un vaso de líquido la fibra, en vez de ser beneficiosa, puede generar estreñimiento.

Así que un dato estrella es beber siempre un vaso de agua u otro líquido antes de las comidas y así te asegurarás de que, cuando la fibra llegue a tu sistema digestivo tendrá líquido para emulsionarse y hacer su trabajo.

Digestión

Una digestión lenta se relaciona con malestares, hinchazones, enfermedades intestinales e incluso aumento de peso. Es fundamental que tengas una alimentación rica en frutas, verduras, cereales integrales, legumbres y que emulsiones bien la fibra.

Otro factor que puede alterar nuestra digestión es el colon irritable. Si éste es tu caso, te recomiendo no comer verduras flatulentas como el brócoli, la coliflor, el repollo o la alcachofa, entre otras, y que des preferencia a las legumbres sin hollejo. Hay personas a las que también les afecta el café, té, mate, etc. Es importante tener en cuenta que el colon irritable también se debe al estrés, así que las meditaciones diarias te vendrán muy bien. Observa cómo te sientes, cómo está tu abdomen, fíjate en qué comiste ese día, si puede tener relación y, por supuesto, para mayor información sobre estos temas, consulta a tu médico.

El equilibrio

Para conseguir una correcta combinación de alimentos nos basaremos en «El Método de los 4 Elementos». Lo primero y fundamental, es que tengamos claras las medidas de los utensilios de cocina:

Una taza = 200 ml
Un vaso = 200 ml
Una cucharada = 10 ml (cuchara de sopa)
Una cucharadita = 5 ml (cuchara de té)

A día de hoy no mido absolutamente nada (a excepción de cuando quiero hacer algún postre) y me encantaría que tú llegues a lo mismo, es decir, que tengas el ojo tan entrenado que conozcas perfectamente tus porciones ideales.

No es de extrañar que no tengamos referencias de las porciones alimentarias, ya que los vasos o tazas han pasado de 200 ml a 350 ml o incluso a 500 ml, los platos son cada vez más grandes y, no nos engañemos, no es que nos sirvamos en estilo *gourmet* sólo en el centro, a los ojos del estómago les gusta ver el plato bien lleno. Así que te quiero invitar a que conozcas las cantidades adecuadas de cada alimento y, si puedes, utilices una vajilla más pequeña.

A continuación vamos a revisar cada uno de los cuatro elementos. Considera que si un alimento está dentro de un grupo de alimentos es porque sus propiedades y aportes nutricionales son similares, por tanto, puedes escoger el alimento que desees dentro del mismo grupo, es decir, si no te gusta un alimento no tienes que comerlo, puedes comer otro del mismo grupo y estarás aportándole a tu cuerpo los nutrientes necesarios.

1. Elemento 1: proteínas

Es uno de los tres macronutrientes y está compuesto por:

Carnes blancas y rojas

El color de la carne es, simplemente, una característica organoléptica. Si comes carne lo importante es que sean cortes magros, es decir, bajos en grasa: un muslo de pollo tiene más grasa que un filete de cerdo, por darte un ejemplo. Pregúntale a tu carnicero cuáles son los cortes más bajos en grasa y, si tienes la posibilidad, da siempre preferencia a carnes ecológicas y de libre pastoreo.

Si no comes carnes, pero comes huevo o pescado, lo más probable es que no necesites suplementación, aunque comer de todo no nos asegura no tener déficit de ciertos nutrientes, así que comas proteínas de origen animal o no, te recomiendo ir al médico periódicamente.

Pescado y marisco

Están todos incluidos. Ten cuidado con los pescados de piscifactoría, son pescados de criaderos, los cuales incluso llevan colorantes para conseguir el color deseado, por tanto, prefiere siempre peces «salvajes». Yo siempre pregunto en la pescadería qué pescados son naturales, es decir, que vengan del mar o del río y no de una piscifactoría. Hay varias opciones y a muy buen precio. Los pescados azules son los más ricos en omega 3.

Y, por favor, no frías el pescado ni el marisco. Recuerda que son muy saludables, pero no fritos; y si los vas a consumir enlatados, mejor en agua y recuerda lavarlos con abundante agua antes de consumirlos, para disminuir su aporte de sodio.

Huevos

Es un alimento con el que existe una gran controversia. Algunos años ha sido considerado el alimento más sano y otros años el alimento con más colesterol. Lo cierto es que si sigues «El Método de los 4 Elementos» los puedes consumir perfectamente, es más, si comes de manera saludable, aunque comas dos huevos todos los días, tus niveles de colesterol no se verán alterados. Tienen mucho más colesterol los donuts, pasteles, chocolates y alimentos procesados, que unos huevos.

Por último, y en la medida de lo posible, dale preferencia a los que sean ecológicos y de gallinas libres.

Lácteos

Este tema da para muchos libros. Antiguamente la leche animal era el alimento más completo, pero actualmente hay muchos estudios que se contraponen a esta posición.

Personalmente creo que nuestro cuerpo es muy sabio y rechaza lo que le hace mal, aunque muchas veces no le hagamos caso. Personalmente, por ejemplo, soy intolerante a la lactosa. Podría tomar lácteos sin lactosa pero, ¿para qué darle a mi cuerpo algo que sé que no tolera bien? Así que decidí cambiarme a lácteos vegetales y me siento mucho mejor. De vez en cuando sí me tomo una lactasa (la enzima que digiere la lactosa que puedes comprar en la farmacia) para comerme un arroz con leche en un restaurante y lo disfruto muchísimo. Al fin y al cabo, una vez al año no hace daño.

¿Qué es la lactosa y la lactasa? Los lácteos tienen un azúcar natural que se llama lactosa, la cual se digiere a través de la enzima lactasa. Muchas personas tenemos déficit de esta enzima en nuestro sistema digestivo y los lácteos nos producen gases, distención abdominal y, en casos más extremos, vómitos y diarreas.

Químicamente se creó la enzima lactasa que venden en las farmacias, y éste es el componente que le agregan a los lácteos sin lactosa. Realmente deberían llamarse lácteos con lactasa, pero en este mundo de las dietas el «sin» vende más que el «con». De hecho, muchos creen que solamente por ser un lácteo sin lactosa ya es algo *light*, pero esto dista mucho de la realidad: es un lácteo igual que cualquiera, pero con un producto químico agregado.

Si estás acostumbrado a los lácteos animales y no tienes ninguna intolerancia, te invito a que primero mejores el resto de los hábitos, como horarios, frecuencia entre comidas, calidad de alimentos, evitar alimentos refinados, azúcares simples, frituras, etc., y ya después decidas si quieres pasarte a los lácteos vegetales. A día de hoy, esas galletas, donuts o patatas fritas que te estás comiendo son mucho más perjudiciales que un lácteo animal desnatado.

¿Cuál es la diferencia entre un lácteo desnatado o entero? ¿Cómo sabes la vaca que da la leche sin grasa y la que da con más grasa? No se puede saber, ¿verdad? Lo que hace la industria es juntar todos los litros de leche, sacarle toda la nata y dejarla con un 0 por ciento de materia grasa.

Imaginemos que tenemos tres litros de leche con un 0 por ciento de materia grasa. Separan un litro y le agregan 18 gramos de la nata que sacaron; con esto consiguen un 18 por ciento de materia grasa en la leche, lo que se considera leche semidesnatada. Es decir, cuando te sirves un vaso de esta leche semidesnatada, prácticamente un quinto del vaso es sólo grasa. Ahora piensa que tomamos otro litro de la leche 0 por ciento y le agregamos 36 gramos de grasa, es decir, de nata, consiguiendo así una leche con un 36 por ciento de materia grasa, esto sería la leche entera. Imagínate entonces que un vaso de leche entera es más de un tercio de grasa.

La grasa que se retiró de las leches y no se volvió a agregar es con la que hacen los quesos amarillos, mantequillas, cremas, natas, etc. Esta grasa de las leches es grasa saturada, por tanto, no es una grasa saludable ni necesaria para nuestro cuerpo. He leído algunas personas que recomiendan consumir lácteos enteros porque generan mayor saciedad; cómo no van a hacerlo, si con la cantidad de grasa que tienen el cuerpo tardará más tiempo en digerirlos. Sin embargo, es mucho más saludable, por darte un ejemplo, la grasa de los frutos secos que de los lácteos, por lo que para conseguir una mayor saciedad te aconsejo que consumas lácteos desnatados en todas sus formas (incluyendo los quesos con 0 por ciento de materia grasa) y les agregues una porción de frutos secos. Esto es lo que recomiendo en «El Método de los 4 Elementos», donde elegimos al menos dos elementos para nuestras meriendas o colaciones, con lo cual, no beberías el lácteo sólo y lo puedes acompañar de una grasa saludable.

Esta recomendación de lácteos desnatados sirve para ti y para toda tu familia, incluyendo los niños.

Personalmente me siento más inclinada a consumir **lácteos vegetales.** Algunas consideraciones importantes a tener en cuenta sobre ellos son las siguientes:

- Existen de muchos tipos: soja, avena, coco, avellanas, nuez, almendras, arroz, etcétera.
- Siempre compra los que vienen sin azúcar añadido. Tendrán el azúcar natural del alimento, pero lee la lista de ingredientes y fíjate en que no contengan azúcar.
- Mejor que sean orgánicos.
- En algunos países son más caros, pero puedes comprar máquinas para preparar leches vegetales tú mismo; quedan muy bien y es mucho más económico, ya que puedes comprar un kilo de avena y obtener muchos litros de leche. Eso sí, cuando haces tu propia leche, al no tener conservantes, duran máximo cinco días en la nevera.
- Aunque vengan fortificados, no tendrán el mismo aporte de proteínas y calcio que el lácteo animal.

Muchos alumnos me dicen que no entienden por qué los lácteos vegetales (su nombre correcto es bebida vegetal) están en el grupo de las proteínas, si en muchos casos aportan más hidratos de carbono o grasas saludables que proteínas. Se hace de esa forma simplemente para no generar más confusión. Es cierto que las leches vegetales podrían estar en el grupo de hidratos o grasas saludables, según corresponda, pero estoy intentando explicarte la nutrición de la manera más sencilla posible, así que para fines prácticos, te invito a considerarlas dentro del grupo de las proteínas.

En el grupo de las proteínas hay varios alimentos y existen muchos otros como los carbohidratos integrales y los frutos secos que también aportan proteínas. No tendrás déficit proteico por tomar leches vegetales y no animales.

Legumbres

Son unos de los alimentos más ricos de la naturaleza: aportan proteínas vegetales e hidratos de carbono, por lo que también las verás en el siguiente apartado.

Existen varios tipos: lentejas, garbanzos, alubias, guisantes... Se recomienda mezclar las legumbres con hidratos de carbono, ya que una proteína para ser de alto valor biológico o proteína compleja, que es la que utiliza nuestro cuerpo para fines estructurales, debe estar compuesta por veinte aminoácidos. Generalmente, las proteínas complejas se encuentran en el mundo animal, pero las legumbres son altas en dieciocho aminoácidos y bajas en dos y justo esos dos aminoácidos los tienen los cereales. Entonces, si los preparas juntos, por ejemplo, lentejas con arroz, el cuerpo obtiene los veinte aminoácidos y genera una proteína de alto valor biológico, igual a las provenientes del mundo animal, que son fundamentales para el correcto funcionamiento del cuerpo.

Antiguamente se creía que tenían que comerse juntas en la misma comida, pero actualmente se ha visto que el cuerpo es tan inteligente que tiene una reserva llamada pool de aminoácidos donde los va almacenando y utilizando a medida que va obteniendo los veinte. De esta manera, si no comes legumbres junto a hidratos de carbono esto no quiere decir que esos aminoácidos se pierdan. Aun así, yo intento consumirlos juntos porque me encanta el sabor de la mezcla, me deja más saciada y así evito consumir carnes o pescados en esa comida, considerando la legumbre como proteína principal y evitando un sobresfuerzo digestivo. Por supuesto, mezclar las legumbres con chorizo o longaniza es la opción más dañina, ya que los embutidos están llenos de grasas, conservantes y sodio.

Otro punto esencial es remojar las legumbres, idealmente la noche anterior a cocinarlas. Si el agua se pone muy turbia, lávalas y cámbiasela. Esto se hace para retirar los antinutrientes que tienen las legumbres en su superficie. Estos antinutrientes, como el ácido fítico, lo que hacen es «secuestrar» minerales en tu intestino, pudiendo alterar así la correcta absorción de micronutrientes. Al remojarlas en agua, estos antinutrientes se eliminan.

Proteínas vegetales
Como la carne de soja, tofu, tempeh y seitán. Son excelentes opciones para reemplazar las proteínas animales.

¿Es bueno mezclar las distintas fuentes de proteínas?

Las proteínas animales son alimentos de estructuras complejas, por lo que tardan más tiempo en digerirse. Por esa misma razón, no te recomiendo mezclarlas. Lo ideal es elegir un tipo de proteína por cada comida, sobre todo si es pollo, ternera, cerdo u otro animal. Por ejemplo, si estás comiendo pollo y te quedas con hambre, puedes comer un poco más de pollo, pero evita mezclarlo con otro tipo de carne o con pescado.

Si vas a mezclar algunas proteínas, y sólo en ocasiones, es preferible que sean huevo, lácteos, pescados o legumbres, pero aun así intenta no mezclar más de dos, ya que podrías estar sobrecargando tus riñones y tener digestiones más pesadas.

¿Cuánto comer de este primer elemento: proteínas?

Mi idea es simplificar al máximo las porciones alimentarias. Es un tema amplio donde puedes profundizar bastante, pero mi finalidad es que te quedes con una idea sencilla y aplicable a tu día a día. Si quieres conocer más sobre todo puedes acudir a un nutricionista para que te enseñe de forma detallada tus requerimientos específicos.

Lo que voy a compartir a continuación son recomendaciones en términos generales. Si tienes alguna enfermedad como, por ejemplo, una enfermedad renal, tienes que acudir a un especialista. Estas pautas están pensadas para aquellos que deseen llevar una alimentación saludable y prevenir enfermedades crónicas de origen nutricional como la obesidad, diabetes tipo 2, hipertensión arterial, dislipidemias (colesterol y/o triglicéridos altos) o bien que tengan alguna de estas enfermedades y quieran tratarlas.

Te presento una tabla con los principales alimentos del grupo de las proteínas y sus porciones en medidas caseras. Están calculados para que entreguen prácticamente la misma cantidad de proteínas y calorías por porción, por tanto, puedes elegir libremente los alimentos que más te gusten.

La unidad de medida será la palma de la mano, ya que en la universidad aprendí que es más o menos la cantidad adecuada que pueden digerir nuestros riñones en cada comida; no es exacto, pero sí referencial. Además, así lo hacemos bastante sencillo, ya que si tienes la mano más grande comerás más y, por lo general, si eres de menor estatura tendrás la mano más pequeña, por lo que necesitarás comer menos. Te repito que mi idea no es que te pongas a medir los alimentos todo el tiempo, sino más bien que aprendas las porciones alimentarias. Ya verás que en pocas semanas tendrás tus ojos entrenados y serás capaz de prepararte un plato delicioso, equilibrado y perfecto para ti.

Primero, dividiremos el elemento de las proteínas en dos grupos:

Grupo 1: carnes y leguminosas

Si realizas una actividad física moderada o intensa, puedes elegir las máximas porciones diarias. Si eres de menor estatura o llevas una vida sedentaria, consume las porciones mínimas.

No es poco, ¿quién dijo que había que pasar hambre? Y, además, esto es sólo un elemento, nos quedan por revisar los otros tres. Ya verás como consigues platos muy contundentes.

Me acuerdo de Carmen, una de mis alumnas de Madrid, que comenzó a aplicar el método. Hace años que no cenaba y ahora sí, y además come mucho más que antes durante el día, por lo que creía que no le iba a funcionar. El primer mes logró bajar cuatro kilos sin ningún esfuerzo, sintiéndose muy satisfecha y llena de energía, y la última vez que hablamos, ya había bajado ocho kilos.

Me acuerdo también de Rocío, una de mis alumnas de Zamora, que perdió catorce kilos, disfrutando y comiendo mucho más que antes. O Soledad, de Argentina, que consiguió bajar veinte kilos casi sin darse cuenta.

Porciones diarias recomendadas:	**Mujeres:** 2 - 3 porciones
	Hombres: 2 - 4 porciones

Alimentos	Medidas Caseras
	Cocidos
Vacuno (cortes bajos en grasa como filete, lomo, etcétera)	La palma de tu mano
Pollo o pavo (pechuga)	La palma de tu mano
Cerdo (cortes bajos en grasa como solomillo, filete, etcétera)	La palma de tu mano
Pescado (preferiblemente fresco)	Mano completa
Marisco	¾ de taza
Huevo	2 unidades
Alubias	1 taza
Lentejas	1 taza
Garbanzos	1 taza
Carne de soja	1 taza
Tofu	La palma de tu mano
Seitán	La palma de tu mano
Tempeh	La palma de tu mano

Y es que la densidad calórica es fundamental y el método está calculado con alimentos que tienen una densidad calórica media o baja, es decir, que no te aportan tantas calorías por gramo. Nutricionalmente un kilo de chocolate no es lo mismo que un kilo de lechuga, ¿verdad? Eso es la densidad calórica. Generalmente cuando engordamos es porque comemos mucha cantidad, pero también alimentos con alta densidad calórica, que en muy poca cantidad nos aportan muchas calorías. El método te asegura comer buenas cantidades, con un consumo regulado de calorías.

Recuerda preferentemente utilizar las legumbres como proteínas, y prepararlas con algún cereal. Lo ideal es en la proporción 3:1, es decir, por cada taza de legumbres agrega un tercio de taza de algún cereal integral. Por ejemplo: a una taza de lentejas agrégale un tercio de una taza de arroz. Adicionalmente, puedes agregarle verduras y así aumentar considerablemente el tamaño de la porción.

Cuando veas los siguientes elementos el ejemplo será más claro.

Grupo 2: lácteos animales y/o vegetales

Al igual que con el grupo 1, y como todas las demás tablas que verás, cualquiera de las opciones que aparecen te aportan prácticamente lo mismo, así que elige lo que prefieras. Por ejemplo, si no te gusta la leche y te gusta el yogur, elije el yogur. Lo que sí ten siempre presente que cuanto más variada sea tu alimentación, mejor, porque así te aseguras de que le estás dando todos los nutrientes a tu cuerpo.

Recuerda que si tienes una estatura menor que la media o llevas una vida sedentaria, debes consumir las porciones mínimas de cada grupo alimentario.

Porciones diarias recomendadas:	**Mujeres:** 2 - 3 porciones	
	Hombres: 3 - 4 porciones	

Alimentos	Medidas Caseras
Leche desnatada (incluida sin lactosa y cultivada)	1 taza
Leche con sabor 0% (sin azúcar ni grasa)	1 taza
Leche vegetal (soja, arroz, avena, etcétera)	1 taza
Queso fresco	trozo de 3 cm o 1 tarrina
Queso fresco *light*	trozo de 6 cm o 2 tarrinas
Queso de Burgos	1/2 tarrina
Yogur dietético/Yogur vegetal sin azúcar/ Kéfir	1 unidad o ¾ de taza
Helado *light* (sin azúcar ni grasa)	¾ de taza

Considerando entonces los dos grupos dentro del elemento «proteínas», tienes que sumar las porciones del grupo 1 y 2, es decir, no es que tengas que elegir entre carnes y leguminosas o lácteos, sino que se suman. Por ejemplo, si eres mujer comer al menos 2 porciones de carnes o leguminosas más 2 o 3 porciones de lácteos, o sea, al menos 4 porciones del elemento «proteínas» al día, considerando la suma entre carnes o leguminosas y lácteos; si eres hombre comer al menos 3 porciones de carnes o leguminosas más 3 o 4 porciones de lácteos, o sea, al menos 6 porciones del elemento «proteína» al día.

2. *Elemento 2: hidratos de carbono*

¿A quién no le gusta la pasta, el arroz o el pan recién salido del horno? ¿Y acaso no es una tortura cuando pensamos en dietas y en no poder comer estas maravillas? Tranquilo, ¡esta vez no es así!

Los hidratos de carbono son alimentos muy saludables, siempre y cuando los consumas de forma natural, o sea, integral. El adjetivo integral proviene de la palabra «íntegro», que quiere decir que el alimento mantiene íntegramente todas sus propiedades, nutrientes, micronutrientes y fibra, es decir, es un alimento muy nutritivo, completo y beneficioso para la salud. El problema está en los hidratos procesados, todo lo hecho con harina blanca o granos refinados: pan blanco, arroz blanco, pasta blanca, galletas, etcétera.

¿Puedes comer hidratos? Claro que sí, pero integrales y en su porción correspondiente. Quizás al principio el sabor de los hidratos integrales no te guste, pero todo es cosa de acostumbrarse. Se dice que para instaurar un nuevo hábito en nuestra vida necesitamos de 21 a 33 días, así que comienza cambiando un hidrato cada vez, por ejemplo, la pasta blanca por pasta integral, y ya verás cómo en pocos días te acostumbras. Luego sigue con el pan, después el arroz y así sucesivamente. Finalmente, terminarán gustándote más los hidratos integrales que los refinados.

Dentro de sus múltiples beneficios, los alimentos integrales tienen un poder extraordinario en la saciedad y en la saciación, que es la saciedad a lo largo del tiempo. Es decir, en el momento que los comes quedas saciado y esta saciedad dura al menos unas dos o tres horas.

Los hidratos no tienen buena fama por sus «azúcares naturales», lo importante es la calidad (siempre integral), la cantidad (en el cuadro verás las porciones) e idealmente no mezclarlos entre ellos, ya que aumentas la posibilidad de comer más de lo que tu cuerpo necesita y este exceso se reserva como grasa. Por lo tanto, si vas a comer arroz que sea sólo arroz, no lo mezcles con pan ni con patatas; si vas a comer pan, que sea sólo pan, no mezclado con pasta. Sí, lo siento, evita usar el pan para «acompañar».

Alimentos principales que componen el elemento 2, los hidratos de carbono:

- Cereales integrales
- Patatas y boniato
- Legumbres

Las legumbres también están en este grupo porque son ricas en hidratos, aunque te recomiendo considerarlas como proteínas y mezclarlas con algún cereal integral.

Porciones diarias recomendadas:	**Mujeres:** 3 porciones diarias (idealmente no más de 4)
	Hombres: 4 - 5 porciones diarias (idealmente no más de 6)

Alimentos	Medida casera	
	Crudos	Cocidos
Arroz	¼ de taza	¾ de taza
Fideos/pasta	¼ de taza	¾ de taza
Avena	4 cucharadas	¾ de taza
Harina/maicena/sémola	¼ de taza	½ de taza
Lentejas/garbanzos/alubias	¼ de taza	¾ de taza
Quinoa	¼ de taza	¾ de taza
Trigo sarraceno	¼ de taza	½ de taza
Patatas/boniato	1 mediana	1 mediana
Pan baguette/barra		¼ de barra
Pan de molde integral casero		2 rebanadas
Pan pita integral		1 unidad
Cereales/azúcares integrales		¾ de taza
Barras cereal (sin azúcar añadido)		1 unidad
Tortitas integrales o galletas de arroz		4 unidades
Arroz inflado		1 ½ de taza
Tortillas mexicanas integrales (maíz o trigo)		1-2 unidades

- ***Amaranto***: puedes consumir hasta cuatro cucharadas al día como libre consumo. Si vas a consumir más, considera ocho cucharadas como una porción de hidratos de carbono.

- ***Pan de molde integral***: me refiero a alguno cien por cien natural, hecho por panaderos, no al pan de molde comprado en supermercado de marcas comerciales, ya que tienen muchos químicos y por lo general materias primas de muy baja calidad.

Cuando mezclas los hidratos con los demás elementos quedarás bastante satisfecho, además, el truco de oro para que multipliques las porciones sin alterar la densidad calórica es mezclarlo con verduras. Por ejemplo, una porción de arroz integral, pasta o quinoa mezclado con espinacas, berenjenas, calabacín, pimiento rojo, pimiento verde, cebolla y ajo; queda delicioso y aumenta considerablemente la cantidad.

La idea es no quedar con hambre, utilizar los alimentos a nuestro favor, moderar el consumo de aquellos alimentos que nos entregan más azúcares (me refiero a azúcares naturales que vienen intrínsecamente en los alimentos, como es el caso de los hidratos, las frutas y los lácteos) y aumentar las cantidades con alimentos de baja densidad calórica como las verduras. Cualquier alimento que aparece en esta tabla te aporta prácticamente lo mismo en hidratos y calorías, pero recuerda que cuanto más variada sea tu alimentación, mejor.

Si eres mujer, procura comer una porción de hidratos de carbono en cada comida principal:

- Una porción al desayuno
- Una porción a mediodía
- Una porción en la cena

Si eres hombre, puedes distribuir tus porciones de la siguiente manera:

- Dos porciones al desayuno
- Dos porciones a mediodía
- Una porción en la cena

En caso que te hayas estancado con la disminución de peso, te recomiendo cambiar tu porción de hidrato de la cena a la merienda de media tarde o simplemente suspenderlo, evitando así consumir hidratos después de las seis de la tarde, lo cual podría ayudarte a bajar de peso, considerando que es sólo un factor entre tantos. Idealmente cuando comenzamos a mejorar nuestra alimentación y gestión emocional, deberíamos comenzar a bajar de medio a un kilo máximo a la semana. Pérdidas mayores de un kilo semanal no son recomendables, ya que generan estrés para nuestro organismo.

Puntos importantes a considerar con los hidratos de carbono:

Índice glucémico

Es la capacidad que tiene un alimento de subir la glucemia, es decir, la cantidad de azúcar en la sangre. Hay alimentos que suben muy rápidamente el azúcar en sangre, considerados alimentos de alto índice glucémico, y alimentos que lo suben muy lentamente, considerados alimentos de bajo índice glucémico.

Lo ideal es consumir alimentos de bajo índice glucémico, ya que cuando el azúcar se libera lentamente en la sangre, nuestros órganos tienen más tiempo para absorberlo, la curva de glucemia se mantiene constante y el tejido graso no se activa. Por otro lado, los alimentos de alto índice glucémico elevan rápidamente los niveles de azúcar en sangre, los órganos llenan prontamente su capacidad de reserva de azúcar y se activa al tejido graso, con la consecuente acumulación de grasa, principalmente en la zona abdominal. Además, generan «bajones de azúcar», es decir, cuando el nivel de azúcar sube muy rápido, luego desciende por debajo de los niveles basales y necesitamos comer más azúcar para compensar.

¿CÓMO ACTÚA EL ÍNDICE GLUCÉMICO?

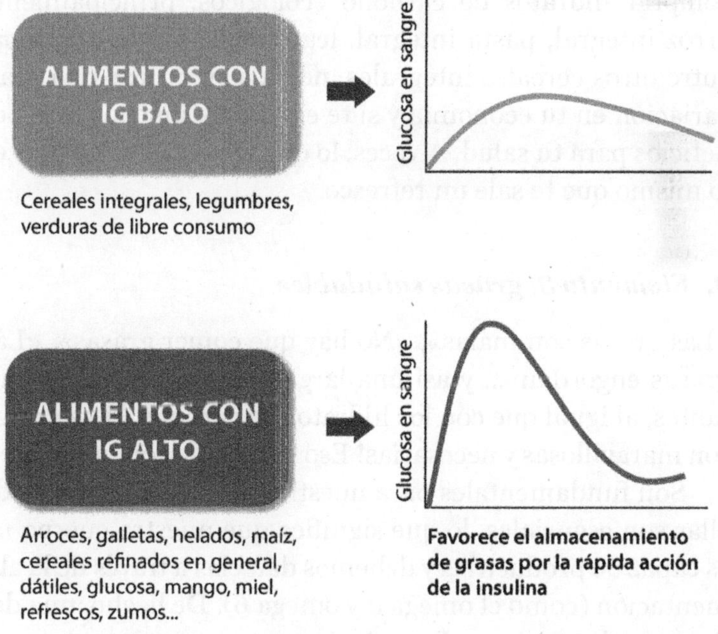

Al dente

Los tiempos de cocción en este grupo son cruciales: siempre cocínalos *al dente*, es decir, que queden un poco duros, así evitamos subir el índice glucémico, porque el proceso digestivo tardará más y nuestro cuerpo irá liberando el azúcar a la sangre de forma progresiva, evitando la acumulación de grasa.

Granos ecológicos
Pocas personas se pueden permitir comprar todos sus alimentos en versión ecológica, orgánica o cosecharlos de sus propias huertas. No te pido que compres todo ecológico, entiendo que las frutas y las verduras pueden ser más caras, pero si sacas la cuenta del costo versus su rendimiento, comprar hidratos de carbono ecológicos, principalmente arroz integral, pasta integral, legumbres, avena o quinoa, entre otros cereales integrales, no va a significar una gran variación en tu economía y sí te entregará muchos más beneficios para tu salud. A veces, lo que vas a gastar de más es lo mismo que te sale un refresco.

3. Elemento 3: grasas saludables

«Las grasas son malas», «No hay que comer grasas», «Las grasas engordan»... y así una larga lista de creencias limitantes, al igual que con los hidratos de carbono. ¡Las grasas son maravillosas y necesarias! Eso sí, cuando son saludables.

Son fundamentales para nuestra nutrición y muchas de ellas son esenciales, lo que significa que nuestro cuerpo no es capaz de producirlas y debemos dárselas a través de la alimentación (como el omega 3 y omega 6). De hecho, una deficiencia de grasa puede traducirse en un aumento de peso, ya que nos aumenta la ansiedad (por falta de nutrientes) y esto nos puede llevar a comer más que antes para llenar esa falta de nutrientes y a sentirnos en constante restricción, lo cual aumenta el estrés y con ello se desencadenan todos los efectos que ya conocemos.

Lo que sí, es que son alimentos con una alta densidad calórica que en cantidades muy pequeñas nos aportan todo lo necesario, así que pon atención a las cantidades de grasas saludables que comes porque, por muy saludables que sean, no son de libre consumo. Por ejemplo, si habláramos en términos calóricos, tres cucharaditas de aceite, aunque sea de oliva, tienen las mismas calorías que tres cuartos de una taza de arroz o una porción de pan. Es impresionante cuando veo personas que le ponen aceite a la ensalada como si fuera agua y cuando les comento los aportes que tiene, muchos entienden por qué no bajan de peso.

Algunas consideraciones a tener en cuenta con algunos alimentos de este grupo:

Aceites

De todos los tipos, idealmente que sea de oliva. Recuerda que lo ideal es consumir los aceites en crudo, es decir, no calentarlos, ya que son grasas insaturadas —las beneficiosas para la salud— que cuando las exponemos a calor se saturan, es decir, rompen sus enlaces convirtiéndose en grasas saturadas.

El aceite de coco es el único alimento no proveniente del reino animal que tiene grasa saturada, lo que significa que resiste a altas temperaturas sin saturarse, puesto que ya es saturado. La diferencia es que presenta una grasa saturada de cadena media, que se ha visto que no es perjudicial para la salud, como el resto de las grasas saturadas de cadena larga. También puedes usar los aceites en espray ecológicos para cocinar.

Como tercera opción para cocinar utiliza el aceite de oliva, ya que resiste mejor la temperatura que el resto de los aceites, aunque lo ideal es agregarlo al final de la preparación, en crudo.

Frutos secos

Lo importante es comerlos crudos y sin sal, así mantienen todas sus propiedades y beneficios. Evitar siempre los que vienen fritos, si te cuesta encontrar crudos mejor que sean tostados y sin sal.

Porciones diarias recomendadas:	**Mujeres:** 6 al día (idealmente no consumir más de 8)
	Hombres: 8 al día (idealmente no consumir más de 10)

Alimentos	Medidas caseras
Aceites (oliva, girasol, canola, coco, etcétera)	1 cucharadita
Aguacate	1 cucharada
Mayonesa casera con aceite de oliva	1 cucharada
Almendras	1 puño
Cacahuetes	1 puño
Anacardos	1 puño
Avellanas	1 puño
Nueces	1 puño
Aceitunas	1 puño
Semillas de girasol o de calabaza	1 puño
Chía/sésamo/lino/amapolas	Libre consumo

NOTA: Es el puño formado por la palma de la mano y no la mano completa.

Semillas

Las puedes consumir de forma natural, aunque es mejor si las remojas previamente. Si vas a consumir lino, chía, amapolas, sésamo u otras semillas pequeñas, son de libre consumo. Si son semillas de calabaza o pipas, un puñado sería la porción. Procura comprarlas de forma natural y sin sal.

4. Elemento 4: frutas y/o verduras

Pese a que todos los alimentos contienen micronutrientes en mayor o menor cantidad, las frutas y las verduras son las reinas de las vitaminas y minerales.

Es cierto que las frutas podrían estar en el grupo de los hidratos de carbono, pero por una cuestión práctica he preferido agrupar los alimentos según los macro y micronutrientes y así asegurarme de que tengas una nutrición completa.

Como ves en este elemento tenemos «y/o», lo que quiere decir que puedes comer frutas y/o verduras y ya cumplirás con el elemento, no siendo necesario que comas ambas si no te apetece.

En este elemento encontramos:

Frutas

Son alimentos muy saludables, pero no de libre consumo, ya que contienen un azúcar natural que se llama fructosa. Por esto es importante moderar nuestro consumo de frutas y comer idealmente una cada vez, por ejemplo, puedes comer a mediodía un plátano y por la tarde una manzana, ya que al mezclarlas tenemos mayor probabilidad de consumir más fructosa de lo que nuestro cuerpo necesita y el exceso se acumula en forma de grasa.

Fíjate bien en los tamaños de las frutas que elijas. Hay veces que en un kilo de manzana vienen seis unidades y otras veces tres.

Prioriza las frutas más pequeñas y menos maduras, ya que cuanto más maduras estén, mayor es su índice glucémico y aporte de fructosa.

Si tienes la costumbre de terminar tus comidas con algo dulce, es mucho mejor que te comas una fruta que un pastel, porque si te aguantas esas ganas todo el día, es

Porciones diarias recomendadas:	**Mujeres:** 2 - 3 porciones	
	Hombres: 3 - 4 porciones	

Alimentos	Medidas caseras
Frutos rojos (fresas, frambuesas, moras, arándanos, grosellas, maqui, açaí)	1 taza
Pera	1 unidad pequeña
Sandía	1 taza
Manzana	1 unidad pequeña
Piña	1 taza
Cerezas	1 taza
Ciruela	2 unidades
Melocotón	1 unidad pequeña
Caqui	1 unidad pequeña
Higos	3 unidades pequeñas
Chirimoya	½ unidad
Mango	1 taza
Níspero	6 unidades
Kiwi	2 unidades pequeñas
Albaricoques	2 unidades medianas
Plátano/banana	½ unidad o 1 pequeña
Naranja/pomelo	1 unidad
Mandarina	3 unidades pequeñas
Melón	1 taza
Uva	1 taza
Ciruelas secas	3 unidades
Granada	1 unidad mediana
Lúcuma	1 unidad mediana
Papaya	1 taza
Dátiles	3-4 unidades
Melocotón deshidratado	2 mitades
Higos secos	3 unidades
Uvas pasas	20 unidades
Orejones	3 unidades
Castañas	3 unidades

probable que por la noche ya no puedas más y acabes comiendo algo de chocolate. Si no tienes esa costumbre de tomar fruta de postre, puedes tomarlas a media mañana y a media tarde.

Un punto fundamental es que la fruta se come, no se bebe, ya que los jugos o zumos de fruta aumentan exageradamente el índice glucémico. Si quieres puedes usar una fruta para hacerte un batido, pero sólo una, no varias, y respetando «El Método de los 4 Elementos». En la planificación te daré ejemplos.

También es importante que prefieras la fruta en su estado natural en lugar de cocida o deshidratada, ya que éstas contienen mayor índice glucémico.

Muchos alumnos me preguntan si pueden hacer un postre de gelatina sin azúcar y fruta. La gelatina sin azúcar, siempre y cuando sea orgánica y natural, es de libre consumo. Incluso puedes agregarle dos frutas y comerla repartida en el día. Si es la típica gelatina que venden en el supermercado, llena de químicos, no es recomendada.

Verduras

Son de mis alimentos favoritos, ideales para comerlas solas o también mezcladas con los otros elementos ya que, además de aumentar el tamaño de nuestros platos y generar una mayor saciedad, le dan color, vida, sabor y muchos nutrientes a nuestras recetas.

Tenemos verduras de libre consumo, ya que tienen al menos un 95 por ciento de agua y también verduras de consumo moderado que, al no tener un porcentaje de agua tan alto como las de libre consumo, es recomendable moderar las cantidades. En un principio, si lo prefieres, consume todas las verduras como si fueran de libre consumo y una vez que estés acostumbrado a las porciones de los otros elementos, fíjate en las porciones de las verduras de consumo moderado.

Por supuesto las verduras las puedes comer de todas las formas y mezclarlas como quieras: entre ellas, con el resto de los alimentos, crudas, cocidas, horneadas o salteadas, pero nunca fritas, tempurizadas ni rebozadas. Considero un crimen hacer de alimentos tan sanos algo tan nocivo para la salud.

Verduras de libre consumo

Porción recomendada: como su nombre lo dice, puedes comer todas las que quieras, en todos los tiempos de comida, en todas las preparaciones y mezclándolas como quieras:

Lechuga	Berenjena	Espárragos	Alcachofa	Repollo
Tomate*	Calabacín	Champiñones	Apio	Pimiento
Acelga	Brócoli	Rúcula	Brotes	Cebollino
Espinaca	Coliflor	Zanahoria	Canónigos	Pepino

* Si tienes diabetes, considera el tomate y la zanahoria cocida como verduras de consumo moderado o según te indique tu nutricionista. La porción es 1 unidad (la zanahoria cruda la puedes consumir libremente).

Verduras de consumo moderado

Porciones diarias recomendadas:	**Mujeres:** 2 porciones
	Hombres: 2 - 3 porciones

Alimentos	Medidas caseras
Cebolla	½ taza
Remolacha	½ taza
Judías	½ taza
Maíz	½ taza
Guisantes	½ taza
Habas	½ taza
Calabaza	½ taza

¿Cómo aumentar la absorción del hierro de las verduras?

Existen dos tipos de hierro: el hierro hem, proveniente de la sangre y el hierro no hem, proveniente de los vegetales. Hem viene de hemolítico, es decir, de la sangre.

Nuestro cuerpo al tener una maquinaria «animal», absorbe mejor el hierro que viene del mundo animal, pero se ha visto que si el hierro del mundo vegetal (presente principalmente en las verduras y las legumbres) se consume junto con la vitamina C, aumenta considerablemente su absorción. Es por esto que te recomiendo aliñar siempre tus ensaladas con limón e incluso agregar unas gotas de limón a las legumbres y verduras cocidas o bien comer de postre una fruta rica en vitamina C, como la naranja o el kiwi.

¿Y ahora qué hacemos con los cuatro elementos?

Una correcta mezcla alimentaria es fundamental para mantener los niveles normales de azúcares y grasas en sangre. Hemos hablado del índice glucémico, el cual está presente principalmente en los hidratos de carbono, frutas y, en menor medida, en los lácteos. Ahora iremos un paso más allá.

Se ha visto que aún más importante que el índice glucémico es la carga glicémica, es decir, cómo afecta la comida en tu sangre. Las proteínas, grasas saludables y prácticamente todas las verduras, tienen índices glucémicos muy bajos. Cuando mezclamos los alimentos de los distintos grupos, logramos compensar el índice glucémico de los hidratos, frutas y lácteos; de esta forma la carga glucémica es menor y la liberación de azúcar a la sangre más lenta, favoreciendo así su absorción y evitando la activación del tejido graso y la sobrecarga del páncreas.

Es por esto que te recomiendo que tus tres comidas principales del día contengan los cuatro elementos, o al menos tres, y que tus meriendas contengan al menos dos. Además, esto te ayudará en tu saciedad (sentirte satisfecho en el momento de comer) y en tu saciación (sentirte satisfecho en las horas siguientes), disminuyendo así tu nivel de ansiedad.

Iremos revisando ideas de cómo preparar tus comidas del día y te darás cuenta que es muy sencillo. También te preparé un menú ejemplo de siete días basado en «El Método de los 4 Elementos» que encontrarás al final del libro, para que puedas usarlo como guía base en un principio y luego ser tú mismo quien vaya planificando tus comidas diarias según tus gustos, preferencias y posibilidades.

¿Cómo planificar tus comidas diarias con el Método de los 4 Elementos?

Mi deseo es que aprendas a preparar tus propias minutas y sentirte libre a la hora de elegir qué comer, en un contexto nutritivo, saludable y delicioso. Para facilitarte la aplicación del método, comparto a continuación este esquema de círculos para que planifiques tus comidas diarias. Quizás necesites usarlo las primeras semanas, luego verás que empezarás a hacerlo de forma automática. Cuando los rellenes recuerda la importancia de los horarios, desayunando idealmente antes de las nueve de la mañana, cenando antes de las nueve de la noche y comiendo cada tres o cuatro horas como máximo, a no ser que tengas otras actividades que no te permitan seguir estos horarios, como, por ejemplo, trabajar de noche, en ese caso, adapta los horarios a tu realidad. Intenta también que tu alimentación sea lo más variada posible, eligiendo distintas opciones de cada elemento y cuidando las porciones.

En las páginas siguientes puedes encontrar un esquema ejemplo y un esquema vacío para que lo rellenes tú mismo.

DESAYUNO (4 ELEMENTOS)
HORA: 08.00

MERIENDA / COLACIÓN (2 ELEMENTOS)
HORA: 11.00

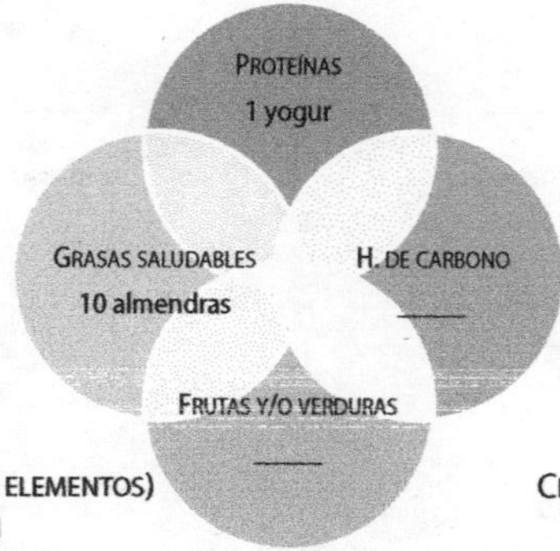

COMIDA (4 ELEMENTOS)
HORA: 14.00

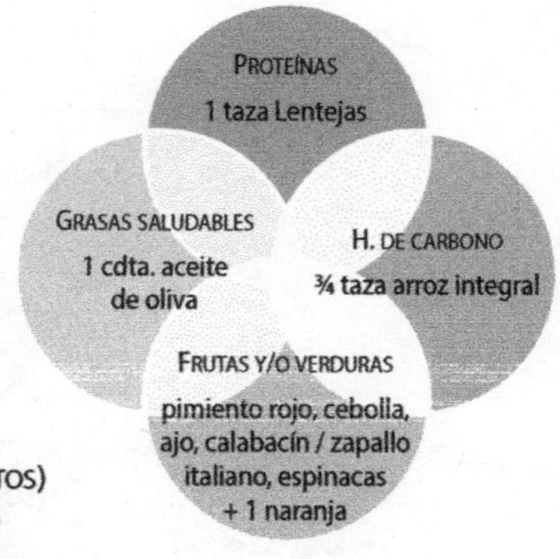

MERIENDA / COLACIÓN (2 ELEMENTOS)
HORA: 17.00

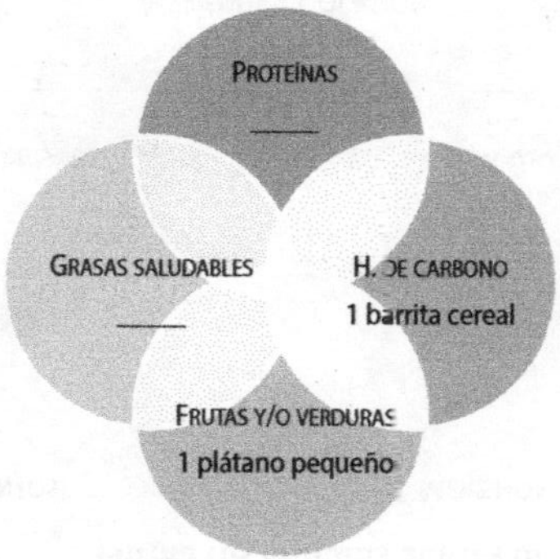

CENA (4 ELEMENTOS)
HORA: 20.00

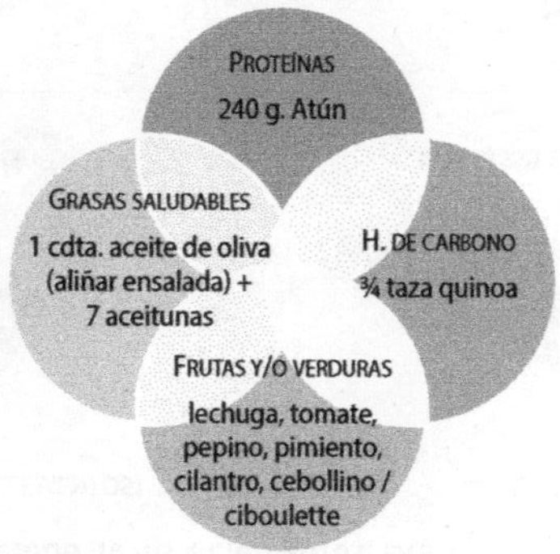

Forma tus minutas diarias utilizando el *Método de los 4 Elementos:* Día 1

DESAYUNO (4 ELEMENTOS)
HORA: ______

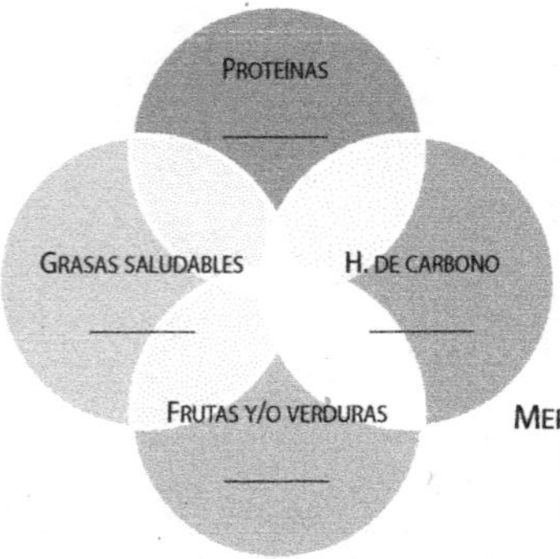

MERIENDA / COLACIÓN (2 ELEMENTOS)
HORA: ______

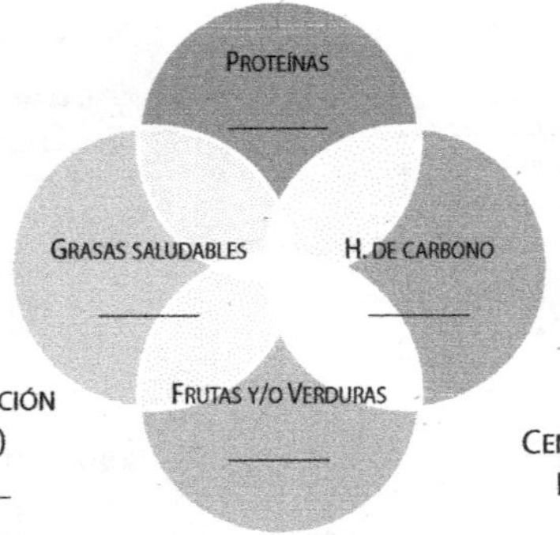

COMIDA (4 ELEMENTOS)
HORA: ______

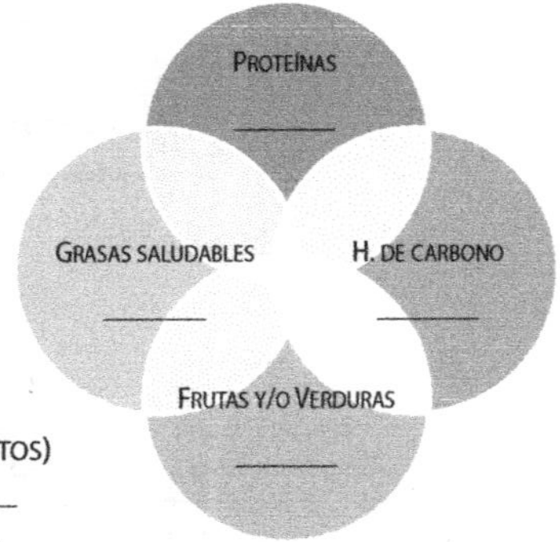

MERIENDA / COLACIÓN
(2 ELEMENTOS)
HORA: ______

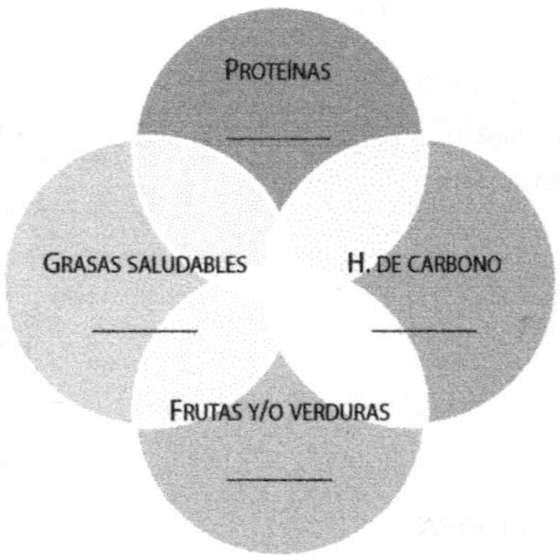

CENA (4 ELEMENTOS)
HORA: ______

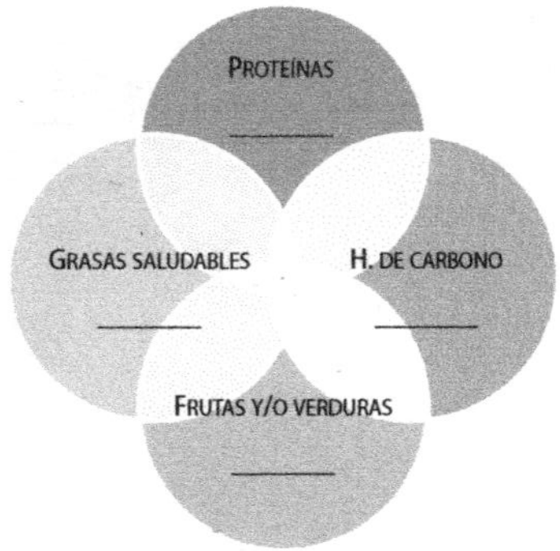

> No empieces con una dieta que terminará algún día, comienza un estilo de vida que dure para siempre.
>
> ANÓNIMO

Resumen

- El efecto rebote consiste en el cambio de tu composición corporal. Cuanto mayor sea tu porcentaje de grasa, más lento será tu metabolismo.
- El estrés prolongado en el tiempo se relaciona con la disminución del metabolismo, el aumento de peso, ansiedad, depresión y la disminución del apetito sexual.
- «El Método de los 4 Elementos» es una forma de alimentarnos de manera saludable, ordenada, fácil, económica y para toda la familia.
- Al practicar «El Método de los 4 Elementos» te aseguras de que tus comidas contengan los tres macronutrientes principales (proteínas, hidratos de carbono y grasas saludables) y los micronutrientes (vitaminas y minerales).
- Ser consciente del momento presente te ayudará a conectar con tu propia «sabiduría nutricional», despertando a tu «nutricionista interior» y eligiendo lo mejor para tu cuerpo en cada momento.
- Es importante hacer los cambios desde el autocuidado, no desde la obligación.
- Confía en ti. Tú puedes.

Actividades recomendadas

Alimentación consciente con los cuatro elementos

- Ten los cuatro elementos en tus comidas principales o, como mínimo, tres.
- Ten al menos dos elementos en tus meriendas o colaciones.
- En lo posible, desayuna antes de las nueve de la mañana, come cada tres o cuatro horas y cena antes de las nueve de la noche.
- Puedes crear tus propias planificaciones o bien seguir el plan de siete días que encontrarás al final del libro. Luego puedes ir cambiando los alimentos según tus gustos, basándote en las tablas de cada elemento.
- Respira conscientemente antes, durante y después de comer (lo veremos mejor en el siguiente capítulo).
- Más importante que la cantidad, es la calidad de los alimentos y tu estado a la hora de comer, así que recuerda hacer los ejercicios del libro.

4

La magia de comer atentos

Un joven rey, consciente de su ignorancia, convoca a los más sabios del reino y les pide que recorran el mundo para traerle toda la ciencia y sabiduría conocida.

Regresan dieciséis años después cargados de libros. El rey se da cuenta de que no tendrá vida suficiente para leer todos los libros, por lo que pidió a los eruditos que extraigan lo esencial de ellos. Los sabios tardan otros dieciséis años.

El rey ya es anciano y sabe que no le queda tiempo. Pide entonces a los sabios que escriban un artículo por cada ciencia. Pasan ocho años más.

El consejero más anciano le entrega dicha obra, pero el rey moribundo murmura:

—¡Dame una sola frase que resuma toda esta sabiduría antes de que me muera!

—Majestad —dice el consejero—, toda la sabiduría del mundo cabe en tres palabras: «vivir el presente».

Anónimo

Te invito a leer y disfrutar del maravilloso viaje que nos depara este capítulo, estando presentes aquí y ahora, en este momento donde todo sucede, donde todo es posible, donde puedes conectar con tu sabiduría interior y tomar mejores decisiones.

He llegado a la teoría de que, independientemente de lo que comas, cómo lo comes es lo que marca la gran diferencia. Lo he visto en mí misma en mis momentos de mayor ansiedad: cómo hasta la lechuga me engordaba porque la comía con un ansia, con una desesperación que mi organismo, al estar con altos niveles de estrés, simplemente acumulaba y acumulaba. No es coincidencia que distintos estudios postulen que la grasa es una barrera de protección para nuestro cuerpo.

Ya profundizaremos en este tema pero, por ahora, quiero que te quedes con la idea de que tenemos dos formas de vivir: desde el miedo y desde el amor.

Cada vez que sentimos ansiedad es porque estamos viviendo desde el miedo. Es aquí cuando nos separamos de nuestro centro, nos sentimos incómodos y buscamos distintas maneras de acallar esa incomodidad, acudiendo, por ejemplo, a la comida. De esta forma, nuestro cuerpo se llena de grasa para protegernos de cualquier peligro exterior, no siendo consciente de que este peligro no es real y que somos nosotros mismos los que nos estamos atacando todo el tiempo.

¿Cómo te hablas? ¿Qué sientes cuando te miras al espejo? ¿Qué te dices?

Quizás cuando éramos niños nuestro cuerpo sí que necesitó protegerse del exterior, pero hoy somos nosotros mismos nuestros principales atacantes. La buena noticia es que cuando te empiezas a aceptar, reconocer y querer, la grasa pierde la razón de ser y la disminución de peso es inevitable, porque estás seguro contigo mismo.

¿Qué te puede ayudar a tomar consciencia de tu cuerpo, bajar la ansiedad, vivir desde el amor, disfrutar del momento y tener el estado adecuado para tomar las mejores decisiones? Practicar *mindfulness*.

> La vida comienza donde termina el miedo.
>
> OSHO

¿Qué es *mindfulness*?

Para comenzar a practicar una alimentación consciente o *mindful eating*, es importante conocer el concepto de *mindfulness*, que significa atención plena.

Si estudiamos a los grandes maestros espirituales, todos tenían sus momentos de *mindfulness* mediante rezos, meditaciones, oraciones, cantos, entre otras prácticas.

El *mindfulness* es la meditación oriental traída a nuestro mundo occidental por Jon Kabat-Zinn. Más allá de ser una de las mejores prácticas para entrenar nuestro cerebro y nuestro músculo de la concentración, es una forma de vivir la vida, comprendiendo que en el momento presente todo se desarrolla de forma perfecta, que ya somos completos, que no somos nuestros pensamientos ni nuestras emociones, sino el ser que los genera.

No tiene religiones ni creencias. Consiste simplemente en tener tus cinco sentidos atentos al momento presente.

Comúnmente vivimos con la necesidad de controlar, de querer saber y entenderlo todo, de querer cumplir nuestras expectativas, de creer en nuestras películas mentales, de creer tener razón y saber qué es lo mejor y no sólo para nosotros, también para los demás. Vivimos con la idea de que tenemos que conseguir objetivos para así ser exitosos y felices, pero una vez conseguidos, esa sensación dura muy poco y nos obsesionamos con nuevas metas.

El *mindfulness*, por el contrario, nos enseña que no hay nada que hacer, nada que lograr ni ningún sitio adónde ir, porque en todo momento es posible lograrlo todo, esa es la paradoja. Si cultivas el estar presente, es posible el hacer. El mantenernos solamente en el hacer sin cultivar nuestro ser nos causará sufrimiento. El *mindfulness* consiste en encontrar un equilibrio entre el hacer, ya que estamos muy ocupados haciendo cosas, y el ser, es decir, quién es el que está haciendo cosas y con qué intención.

¿Quién soy? ¿Para qué hago lo que hago? ¿Qué me mueve?

Consiste en aprender a vivir desde el amor, la compasión, la observación, la consciencia, la presencia y la aceptación. De esta forma no nos dañamos a nosotros mismos ni a los demás. También consiste en entender que la felicidad, más que ser algo que se consigue, es un estado, el cual nos permite observar la belleza, pero también el dolor y la tristeza. Estas emociones surgirán porque son parte de la vida, la clave no está en no sentirlas, sino en aprender a gestionar aquello que estamos sintiendo.

¿Cómo practicar mindfulness?

El medio que utiliza el *mindfulness* para traer nuestra atención al presente es la respiración.

Un día hablando de *mindfulness* con una profesora de Fisiología de la Universidad de Salamanca quien además es profesora de yoga, compartió conmigo una reflexión muy interesante, que me ayudó a comprender por qué la respiración es tan poderosa.

¿Puedes decirle en este momento a tus riñones que dejen de filtrar nutrientes durante diez segundos, a tu páncreas que no secrete insulina en las próximas dos horas, a tus intestinos que detengan su motilidad durante un minuto, a tu hígado que no produzca colesterol en tres días o a tu tejido graso que no absorba más grasa durante el fin de semana? Pues no. Ahora bien, ¿en este momento puedes dejar de respirar durante cinco segundos, puedes hacer tres respiraciones profundas hasta que el aire llene tu abdomen o puedes hacer tres respiraciones superficiales en las que el aire sólo llegue hasta el pecho? Pues sí.

No podemos interferir en ninguna de nuestras funciones vitales excepto en la respiración, y esto no es casualidad, no es que a Dios, o quien haya sido nuestro creador, se le haya pasado por alto. Se nos ha dado la oportunidad de poder modificar, de forma consciente, sólo una de nuestras funciones vitales y es por esto que la respiración es tan poderosa y nos puede llevar a los estados que deseamos. En PNL todo cambio de estado comienza por la respiración.

Nuestra respiración actúa a nivel químico y físico, cambia la función de nuestros neurotransmisores, nuestra fisiología, nuestro estado y, por supuesto, nuestros resultados. Es imposible comer de forma calmada si estamos respirando agitadamente, al igual que es imposible escapar de un animal salvaje con una respiración profunda.

La respiración es nuestra varita mágica, es la puerta de entrada al presente, a la consciencia, a la presencia. Es por esto que practicar *mindfulness* es algo tan natural y cotidiano como empezar a enfocarnos en nuestra respiración, pero de forma consciente. También podemos utilizar audios guiados, música relajante, sonidos de la naturaleza, mantras, vistas, imágenes, etcétera.

Es importante que a la hora de practicar *mindfulness* consideres lo siguiente:

Inspiración y expiración.

Inspira por tu nariz y expira también por tu nariz. Ésta es la respiración natural. Si sientes alguna emoción muy fuerte puedes espirar por la boca, sintiendo cómo vas liberando a tu cuerpo de la emoción. Luego, vuelves a inhalar y exhalar por la nariz.

Respiración abdominal.

Por lo general usarás la respiración abdominal, es decir, inhalas sintiendo cómo tu abdomen se llena de aire y exhalas sintiendo como tu abdomen se va liberando del aire. Esta respiración es diferente a la superficial, en la que tu pecho es el que se llena de aire, sin llegar hasta tu abdomen.

Fuera juicios, bienvenida mente de principiante.

Practícalo sin juicios y con mente de principiante, es decir, no te juzgues por lo que estás o no estás haciendo ni por lo que vayas descubriendo; piensa que cada momento es único y, por tanto, es nuevo. Obsérvate con cariño, con curiosidad y agradece todo lo que vaya apareciendo.

Acepta tus pensamientos.

Cuando te des cuenta de que te has ido con tus pensamientos, felicítate y date las gracias por haberte dado cuenta, después respira profundamente y trae nuevamente tu atención al momento presente, sea lo que sea que estés haciendo.

No juzgues tus pensamientos, sólo por el hecho de darte cuenta de que te fuiste con ellos ya hiciste un gran trabajo. Deja que pasen como nubes en el cielo y vuelve a tu respiración, una y otra vez y las cientos de veces que sean necesarias. De esta manera, no alimentas esos pensamientos, no les das energía para que crezcan, y vas entrenando tu músculo de la concentración.

En tu cerebro está el músculo de la concentración y al ir practicando *mindfulness*, poco a poco, lograrás estar tiempos más largos sin dejarte llevar por tus pensamientos, manteniéndote presente en el aquí y el ahora. No obstante, esto requiere práctica, paciencia y constancia ya que, como cualquier músculo, necesita ser entrenado y esto no se consigue de la noche a la mañana. Una vez que consigues mantenerte en el presente, necesitas seguir practicando a diario puesto que, como cualquier otro músculo de tu cuerpo, si dejas de entrenar volverá a estar flojo como antes.

¿Sabes cuándo se generan los pensamientos? Cada vez que pasa sangre por una neurona, ¡y tenemos más de cien mil millones de neuronas! Por lo tanto, no se trata de no tener pensamientos, sino de darte cuenta cada vez que te has ido con ellos y volver a concentrarte en tu respiración, para regresar tu atención al momento presente.

Existen dos tipos de prácticas de *mindfulness*:

1. Práctica formal

Consiste en buscar una posición cómoda: idealmente sentado en una silla con la espalda recta, pero no rígida, ambos pies en el suelo sin cruzar, las manos a los lados o sobre las piernas, los hombros relajados con un poco de inclinación hacia atrás, dejando espacio al pecho para llenarse de aire. Y una vez encontrada la posición, enfocarse en la respiración, siendo consciente de cómo el aire entra y sale del cuerpo a través de la nariz, poco a poco, llenando el abdomen y luego, poco a poco, saliendo del cuerpo también por la nariz, vaciando el abdomen. Así, una y otra vez.

También puedes practicar *mindfulness* en el suelo, sobre un banco pequeño o un cojín; lo importante es que encuentres una posición cómoda y que mantengas la espalda recta y los hombros relajados para así poder concentrarte en la respiración.

Lo ideal, según los expertos, es practicar formalmente *mindfulness* durante unos treinta o cuarenta minutos todas las mañanas. Si consideras que es mucho tiempo, procura hacer al menos veinte minutos diarios. Puedes ir haciéndolo de forma progresiva, por ejemplo:

- Semana 1: cinco minutos cada mañana
- Semana 2: diez minutos cada mañana
- Semana 3: quince minutos cada mañana
- Semana 4: veinte minutos cada mañana

Si eliges invertir más tiempo en esta beneficiosa práctica, ve aumentando diariamente hasta llegar a cuarenta minutos. Si consigues practicar veinte o cuarenta minutos al día, genial, y si sólo consigues que sean cinco minutos diarios, también irás notando diferencias. Hagas el tiempo que hagas, por muy corto que pueda parecer, será mejor que no hacer nada.

2. *Práctica informal*

Si sólo nos centramos en estar presentes en los veinte o cuarenta minutos al día de práctica formal de *mindfulness*, pasaremos la mayor parte del tiempo durmiendo en el mar de nuestros pensamientos mientras la vida pasa en nuestro presente. Por eso, la práctica informal es la mayor clave.

No se trata de estar todo el día sintiendo calma, ojalá fuera así, pero la experiencia humana trae consigo el experimentar distintas emociones, lo importante es darte cuenta de qué te está pasando en cada momento, sin añadirle el juicio de si es bueno o malo. El simple hecho de darte cuenta significa que estás despierto y te ayudará a retomar tu estado de calma.

Creo que la siguiente historia refleja parte de la esencia del *mindfulness*.

> Un discípulo, mientras lavaba los platos, le dice a su maestro que ya se siente preparado para enseñar a otras personas el mundo del *mindfulness*, entonces el maestro le pregunta:
>
> —¿Para qué estás lavando los platos?

A lo que el discípulo responde:

—Para que estén limpios.

Y el maestro añade:

—Cuando laves los platos simplemente por el hecho de lavar los platos, estarás listo.

¿Cuántas veces hacemos las cosas pensando en el resultado final? ¿Cuántas veces vivimos pensando en los objetivos? Así es como se nos va la vida y nos perdemos el verdadero milagro: el camino que recorremos y quién estamos eligiendo ser en cada momento.

Tich Nath Hanh, reconocido maestro zen, hace una pregunta que me encanta:

—¿Adónde vas?

Y siempre responde de la misma manera:

—Ya has llegado.

Y realmente, ¿dónde vas? ¿Dónde vamos? ¿De qué nos sirve pensar que tenemos que llegar a alguna parte para que la vida tenga sentido? ¿O que si cierta situación cambiara al fin seríamos felices? La vida es este momento, ya has llegado.

La práctica informal del *mindfulness* consiste en poner atención a lo que estamos sintiendo y haciendo: si estamos en la ducha, sentir cómo el agua recorre nuestro cuerpo, el calor, el vapor, los distintos aromas de los productos que usamos; si estamos hablando con alguien, ofrecer toda nuestra atención a esa persona, y no pensar en todo lo que nos queda por hacer o no hemos hecho; si tenemos la sensación de ansiedad, darle un espacio, observar dónde aparece, imaginar qué forma tiene, mirándola de frente en lugar de rechazarla, escucharla, seguro que trae un mensaje, sentirla y seguir respirando de forma consciente.

Y, al igual que en la práctica formal, cuando te des cuenta de que te fuiste con tus pensamientos, date las gracias, felicítate por haberte dado cuenta y vuelve a poner tu atención al momento presente.

> Cuando te bañas, piensas en el desayuno. Cuando desayunas, piensas en el trabajo. En el trabajo, piensas en la salida. Saliendo, piensas en llegar a casa. Estando en casa, piensas en el día de mañana. Hoy no has estado en el presente. Hoy no has vivido el ahora. Hoy te estás perdiendo la vida misma.
>
> ECKHART TOLLE

El *mindfulness* te ayudará en todas las áreas de tu vida, incluida la alimentación.

¿Qué es *mindful eating*?

El *mindful eating* aborda nuestra relación con la comida desde su origen. Cuando ignoramos lo que vemos, tocamos o comemos es como si no existiera. Si no estás atento al momento de comer, para tu mente es como si no hubieses comido, por lo que seguimos sintiéndonos con hambre e insatisfechos.

Recuerda que las dos funciones de tu mente son estar pensando o estar presente y no puedes hacer las dos cosas a la vez. Así que, si estás presente, tu mente se da cuenta de qué está pasando, pero si estás en el mar de tus pensamientos, es como si estuvieras dormido y tu mente pasa por alto lo que está sucediendo aquí y ahora.

Practicar una alimentación consciente es una experiencia que implica todo nuestro ser —corazón, cuerpo y mente— a la hora de elegir y comer los alimentos. Da igual lo que hayas hecho o cómo hayas comido anteriormente, lo importante es qué eliges hoy al momento de comer. La libertad y satisfacción se consiguen estando presente y eligiendo qué es lo mejor para nosotros en cada momento, sin juzgar el pasado y sin generar ansiedad por el futuro, simplemente invitando a nuestra mente al aquí y al ahora, que es donde ocurre la vida.

Muchos de mis alumnos me preguntan qué pueden comer o cuándo es mejor comerse el chocolate. Mi respuesta siempre es la misma: «Elige aquello que te dé tranquilidad en ese momento, sea lo que sea». Muchas veces el daño más grande no es la acción en sí, sino todos los pensamientos que generamos en torno a esa acción.

A continuación, quiero compartir contigo siete claves que aprendí de la autora Jan Chozen Bays, máxima referente del *mindful eating* en el mundo occidental, que nos ayudan a practicar una alimentación y vida consciente.

1. Respirar antes de comer

- Detente y observa tu respiración.
- Una respiración rápida, como la que tenemos en momentos de estrés, ansiedad o angustia, nos lleva a comer en piloto automático.
- La respiración ayuda a metabolizar mejor la comida, así que es fundamental para promover una buena digestión y adelgazar.
- Practica una respiración consciente en cada comida:
    - Haz al menos tres respiraciones profundas antes de cada comida.
    - Haz al menos una respiración profunda entre bocado y bocado.
    - Haz al menos tres respiraciones profundas al terminar de comer.

2. *Practicar la atención plena*

- Utiliza todos tus sentidos durante la experiencia de elegir, preparar y consumir los alimentos.
- Relaciónate con los alimentos con mente de principiante, es decir, como si fuera la primera vez que ves ese alimento; regálate la experiencia de ser principiante.
- Fíjate en los distintos alimentos, en sus colores, olores, texturas, sabores. Pon atención a lo que sucede cuando los preparas, cuando los vas mezclando entre ellos, cuando les aplicas calor, cuando les añades condimentos, cómo van cambiando las texturas, formas, olores y sabores.

Imagínate que cada vez que estás cocinando te conviertes en un director de orquesta y que cada ingrediente es un instrumento único, necesario para conseguir las distintas melodías. ¿Te das cuenta de la magia que ocurre en tu cocina?

- Antes de comer pregúntate:
    - ¿Tengo hambre?
    - ¿Dónde siento hambre?
    - ¿Qué es lo que realmente ansío?

Escucha tus propias respuestas, sin juicio. Esto te servirá para todas las áreas de tu vida, ya que nuestra relación con la comida no es más que el reflejo de nuestra relación con la vida. Al comenzar a sanar nuestra vida, sanar la relación con los alimentos es una consecuencia inevitable.

3. *Come más despacio*

- Mastica el sólido hasta convertirlo en líquido y mastica el líquido como si fuera sólido.
- Al masticar los alimentos, comienzan a perder sabor. Haz la prueba mientras estás comiendo y probablemente te des cuenta de que, incluso antes de tragar, ya ingeriste el siguiente bocado. Esto sucede porque la lengua se aburre a medida que va disminuyendo el sabor y quiere aumentar nuevamente la sensación en el paladar, lo cual nos lleva a comer rápido.
- Algunas técnicas que puedes aplicar para comer más despacio son: dejar los cubiertos en la mesa después de cada bocado o comer con la mano contraria.

Una correcta digestión comienza con la masticación, producto de todas las enzimas que se liberan en la saliva. Si tragamos rápidamente, nos estamos saltando una parte fundamental del proceso digestivo, lo que nos puede generar un déficit en la absorción de nutrientes, aumentando nuestra ansiedad.

Es importante saber que nuestro cerebro tarda veinte minutos en recibir desde el estómago las señales químicas de que ha comido, a través de la hormona grelina. Entonces, si eres capaz de comerte un kilo de pan en menos de veinte minutos, a tu cerebro no le da tiempo a darse ni cuenta. Éste es uno de los motivos por lo que se recomienda comenzar las comidas principales con ensaladas o cremas de verduras, para que así no abusemos del segundo plato ni del postre, puesto que nuestro cerebro tendrá más tiempo para recibir la señal que está comiendo.

4. Cantidad adecuada

Potenciemos la consciencia universal.

Al menos a mí, esto me marcó, ya que servirnos lo justo no es sólo ético para nuestro cuerpo, sino también para todo el mundo. Un país que come más cantidad de comida no es consciente del sufrimiento que eso puede producir, ya que estamos dejando a otros países con menos comida y, además, con las prácticas agrícolas que se están utilizando, que en su mayoría no son responsables ni sostenibles, estamos ocasionando un impacto altamente negativo en el medio ambiente. Hay suficiente comida en el mundo para todos pero, precisamente los países más desarrollados, son los que pagan mejor y se llevan grandes toneladas de comida, sobrepasando con creces sus necesidades y dejando a otros países con menos acceso a los alimentos. Y, por si fuera poco, además de comer en exceso, desperdiciamos toneladas de comida diaria.

Un día estaba leyendo un reportaje donde aparecía que en España, según el Ministerio de Agricultura, se desperdician 7,7 millones de toneladas de alimentos cada año.

Más impresionante aún, Tristram Stuart, autor del libro *Despilfarro: El escándalo global de la comida*, señala que sólo los cuarenta millones de toneladas de alimentos tirados a la basura en Estados Unidos cada año podrían alimentar cada día a los mil millones de personas que se van a la cama con hambre en el resto del mundo. El autor incluso calculó que si se recogiera toda la comida que se pierde en Gran Bretaña cada día, se podría ofrecer una cena diaria a sesenta millones de personas.

¿Hasta dónde estamos llegando con nuestra ansiedad? Cada uno de nosotros es único, pero a la vez somos parte de un todo. ¿Hasta qué punto el no gestionar nuestra ansiedad y nuestras emociones está impactando en nuestra vida, la de nuestra familia, comunidad, ciudad, países, continente y en todo el mundo?

Cuando me di cuenta de esto, pensé: «Cuando estoy comiendo de más, alguien en el mundo está comiendo de menos». ¿Qué culpa tienen los demás de nuestras ansiedades y excesos? Pues ninguna, cada uno tiene la libertad de elegir cómo reaccionar. Hacerse responsable de uno mismo también ayuda a la responsabilidad universal. De una u otra forma, cada uno de nosotros puede aportar un granito de arena. No te digo que con esto cambiaremos el mundo y se acabará el hambre en un año, pero tengo claro que los cambios se van haciendo poco a poco.

Recuerda que un tsunami no rompe una roca, pero muchas olas pequeñas, sí.

5. *Benevolencia interior*

- Cuando nuestra relación con la comida está desequilibrada, es fácil vernos superados por emociones negativas.
- Cuando la mente está repleta de pensamientos y emociones contradictorios, no es fácil actuar conscientemente.

Al no estar siendo benevolentes, compasivos y comprensivos con nosotros mismos, generamos más situaciones negativas que nos bloquean, por lo tanto, el primer gran paso es comenzar a bajar nuestro ruido mental. Esto nos ayuda en todos los ámbitos de la vida.

Es importante volver a nuestro lugar, que es ser observadores de nuestros pensamientos y emociones y no creer que somos ellos, porque no lo somos: somos el ser que genera estos pensamientos y emociones. Esto no significa que no conectemos con nuestras emociones, sino más bien que las abracemos y les preguntemos qué nos quieren decir, pero sin identificarnos con ellas, como si fueran parte de nuestra identidad. Nuestros pensamientos y emociones pasan, nuestra esencia (amor, consciencia, paz), no.

¿Cómo lograr todo esto? Practicando *mindfulness* a diario, tanto formal e informalmente.

La «sustitución consciente» es una práctica que nos puede ayudar a aumentar nuestra benevolencia interior. Consiste en reemplazar aquello que sabemos que no nos hace bien por algo similar que sea más saludable.

¿Quiere decir que si compramos un chocolate con 80 por ciento de cacao y sin azúcar nos vamos a comer toda la barra en dos minutos? No. Una vez más es fundamental tener en cuenta nuestro estado a la hora de comer ya que, por muy saludable que sea un alimento, si lo comemos desde un estado de ansiedad, no nos sentará bien.

La sustitución consciente quiere decir que si nos gusta el chocolate, no tenemos por qué dejarlo, sino que podemos buscar una alternativa más saludable, como un chocolate de alta calidad, y que cuando tengamos ganas podemos comernos un trocito y disfrutarlo, teniendo claro que soy yo quien elige comer ese trozo de chocolate y no el chocolate quien me elige a mí. Que lo hago porque quiero, porque tengo ganas, porque lo disfruto y no para llenar un vacío o calmar mi ansiedad. De esta forma, mantenemos nuestros placeres con ciertos alimentos, pero buscamos la forma más sana de consumirlos y en cantidades adecuadas para nuestro cuerpo.

Pregúntate: «¿Qué puedo comer que me quite este antojo y a la vez que sea saludable para mi cuerpo?». Personalmente, y sin lugar a dudas, la comida que más disfruto —y esto incluye los postres— es aquella que ha sido hecha con ingredientes naturales y sabe delicioso. Por ejemplo, entre un brownie común, lleno de grasa y azúcar, y uno preparado con harina integral, cacao ciento por ciento y stevia, sin duda, me quedo con el segundo. Comer rico y a la vez sentir que estás haciendo un tributo a tu cuerpo, llenándolo de energía y nutrientes, es para mí uno de los placeres más grandes de la vida.

6. Ojos que no ven, mente que no siente

> ***Si tenemos un constante deseo por un alimento, es, en general, porque lo tenemos a la vista o muy cerca.***

Cualquier cosa que nosotros no reforzamos termina desapareciendo. Recuerda que lo que resiste, persiste.

Practicar una sustitución consciente activa también nos ayudará en este punto; por ejemplo, al comenzar a sentirnos ansiosos, en vez de pensar en «ese alimento que nos tienta», comenzamos a enfocarnos en nuestra respiración y de esta forma cambiamos nuestro condicionamiento ante el estado de ansiedad, sustituyendo de manera consciente la tentación por la respiración.

El secreto no está en enfocarse en que no aparezcan las respuestas antiguas, sino en enfocarse en lo que quiero para mí en este momento. Continuando con el ejemplo anterior, aunque aparezcan las «tentaciones», no fijes tu atención en ellas y en cuestionar por qué volvieron a aparecer, sino que céntrate en tu respiración, que es en lo que te quieres enfocar.

Es como el experimento del perro de Pavlov, en el que cada vez que sonaba la campanita se le daba comida y el perro comenzaba a salivar, hasta que sólo con escuchar la campanita, sin ni siquiera ver la comida, comenzaba a salivar. Esto mismo nos pasa con distintas situaciones en las que hemos condicionado nuestra respuesta, por ejemplo: me siento solo y como. Al cambiar nuestra atención de forma consciente y activa, estamos creando otro patrón de respuesta ante el estímulo de sentirnos solos. Así, cuando vuelvo a sentir esta emoción, en vez de comer comienzo a respirar.

Por supuesto, al principio no será fácil, ya que al practicar una respuesta por tantos años ésta se vuelve automática. Pero esa respuesta no es parte tuya, fue aprendida y adquirida. Así mismo puedes ir adoptando nuevas respuestas y al practicarlas a diario y, con el tiempo, también se convertirán en automáticas.

7. Dar las gracias

Me encanta esta clave, ya que el agradecimiento es la puerta de entrada a la abundancia en nuestra vida.

- Da las gracias por los alimentos que vas a comer y agradece también a todos los que hicieron posible que esos alimentos llegaran a ti: la tierra, lluvia, semillas, a quienes los cultivaron, cosecharon, transportaron, todos.
- Da las gracias también a la vida, a Dios, al universo o a lo que estimes conveniente, por la existencia de esos alimentos y por todo lo que ha sido necesario que suceda para que esos alimentos estén frente a ti.
- Piensa también en toda la energía que guarda ese alimento, tanto su propia energía, como la de todas las personas que interfirieron para que llegue a ti. Siente como toda esa energía llena tu cuerpo y así vas a ir colmando también los vacíos internos, esa falsa creen-

cia que estamos solos, porque no lo estamos, estamos conectados y somos parte de un todo.

Practicando estas siete claves, ¿cómo crees que será tu alimentación?

El más rico no es el que más tiene, sino el que menos necesita.

AGUSTÍN DE HIPONA

¿De qué tengo hambre?

Ojalá fuera tan fácil como dice el proverbio zen «cuando tengas hambre, come». ¿Cómo sabes que tienes hambre? ¿Y cómo sabes si es hambre de comida o de algo más?

Cuando éramos niños, si no fuera porque muchas veces se nos obligaba, realmente sólo comíamos cuando teníamos hambre. Sin embargo, cuando comenzamos a crecer algo sucede que hace que desconectemos de nuestra propia sabiduría nutricional y el tema de la comida comienza a tomar una importancia desmesurada en nuestra vida, llegándonos incluso a obsesionar con ella. Se convierte en una medicina instantánea para afrontar nuestras presiones y ansiedades: si tenemos pena, alegría, angustia, enojo, rabia, sensación de soledad o aburrimiento, comemos. Al parecer, nos es más fácil atiborrarnos con comida que solucionar nuestros problemas. De hecho, resulta bastante paradójico ver cómo somos capaces de crearnos un nuevo problema con tal de no solucionar los que ya tenemos.

¿Qué nos pasó para que hayamos convertido nuestra manera natural de comer en un problema?

La forma de comer que practicamos hoy la aprendimos de nuestro entorno, pero esto no es culpa de nadie: ni tuya, ni de tus padres, ni de tus cuidadores, ya que cada uno es capaz de enseñar lo que sabe. ¿Puedes enseñarle a alguien a hablar en chino si no sabes hablar chino?

Lo importante no es quién sea el culpable, lo importante es que la forma en la que comes hoy tiene solución y esa solución sólo depende de ti. Esto es maravilloso, porque sólo está en tus manos y puedes comenzar a hacerlo cuanto antes. ¿Cómo conseguirlo? Trabajando en estar presente, sin presiones ni juicios, simplemente confiando en que así como has aprendido una forma de comer, aprenderás otra. Eres completamente capaz de hacerlo, has aprendido muchas cosas y ésta no será la excepción. Habrá días que se te harán más fáciles que otros, pero recuerda que la práctica hace al maestro y que nuestro cerebro tenderá a hacer lo que ya conoce hasta que, gracias a tu constancia, comience a elegir nuevos patrones.

Resumen

- La vida sucede en este momento.
- Qué eliges, ¿vivir desde el miedo o desde el amor?
- Cuando te pierdes en tus pensamientos, te duermes ante la vida.
- *Mindfulness* no es sólo una práctica de veinte minutos al día, es una forma de vivir, de vivir despiertos.
- El autoconocimiento es la clave para la sanación. Conoce tus tipos de hambre y sabrás qué necesitas.
- Cuando tienes la sensación de que necesitas algo, por lo general, es que te necesitas a ti. ¿Dónde te encuentras? En la consciencia, en la presencia, en este momento.
- Confía en ti. Tú puedes.

Actividades recomendadas

1. *Recuerda respirar de forma consciente cada vez que comes*

- Haz al menos tres respiraciones profundas antes de cada comida.
- Haz al menos una respiración profunda entre bocado y bocado.
- Haz al menos tres respiraciones profundas al terminar de comer.

2. *Detente*

Al menos tres veces al día detente, respira profundo, revisa tu postura corporal y si sientes tensión en alguna parte de tu cuerpo, respira sintiendo cómo al llegarle el aire se va relajando, respira profundo una vez más y vuelve a la actividad que estás realizando. En menos de dos minutos puedes cambiar tu día.

5

Me siento activo, me siento vivo

> Ámate, te vas a necesitar.
>
> Marta Emme

Invertir nuestro tiempo, energía y dinero en sentirnos más plenos no es una muestra de egoísmo, todo lo contrario: es una enorme muestra de generosidad con nosotros mismos, nuestro entorno y el mundo entero.

Como hemos ido viendo a lo largo del libro, para cuidar nuestro cuerpo y peso, es importante prestar atención no sólo a lo que comemos. En este capítulo nos detendremos en otros puntos fundamentales para nuestro cuidado integral, comprendiendo cuerpo, mente, corazón y espíritu.

Dos de los temas que revisaremos son bastante comunes en el mundo de la nutrición: la actividad física y las horas de sueño, pero los revisaremos desde otra perspectiva que, estoy segura, no te dejará indiferente.

El tercer punto que trataremos es muy poco conocido y es una de las bases de la PNL, la cual considero fundamental para realizar cambios profundos en cualquier área de nuestra vida, incluida la comida. Creo que ha sido uno de los aprendizajes que más me ha ayudado en la vida. Para mí es un tesoro y estoy segura de que para ti también lo será.

Mueve tu cuerpo

Todos hemos escuchado eso de que hacer ejercicio es beneficioso para la salud. Y si todos sabemos que nos hace bien, ¿por qué la mayor parte de la población es sedentaria?

¿Has escuchado alguna vez que hacer ejercicio adelgaza? Y entonces ¿por qué existen deportistas con sobrepeso?

Creo que es muy importante entender los beneficios de la actividad física y ser realistas a la hora de practicarla, además, si realizamos un ejercicio que no nos gusta, probablemente hasta lleguemos a subir de peso (ya contaré por qué más adelante).

Revisemos algunas de las principales razones por las que la actividad física es tan importante a nivel físico, mental, emocional y espiritual:

1. Es un factor de alta protección cardiovascular

Es una de las actividades principales para proteger nuestro corazón. Existen múltiples estudios que demuestran que una persona sedentaria tiene el mismo riesgo cardiovascular —que le suceda algo al corazón, como, por ejemplo, un ataque— que una persona que fuma. Muchas veces creemos que lo más importante para cuidar nuestro corazón es el peso, pero realmente la actividad física es un factor aún más protector para nuestro corazón que el propio peso.

Así que si quieres comenzar a cuidarte, te invito a que empieces a hacer alguna actividad física que disfrutes desde ya, independientemente del peso que tengas, puesto que estarás protegiendo a tu corazón. Esto va mucho más allá de nuestra estética: esto es salud y protección, es cuidar nuestra vida.

2. *Disminuye niveles de estrés y ansiedad*

Es sumamente beneficioso, ya que el estrés, además de estar relacionado con el aumento de peso, disminuye la actividad de nuestro sistema digestivo, altera nuestras células y genera un ambiente ideal para que se desarrollen enfermedades inflamatorias como obesidad, diabetes tipo 2, hipertensión arterial o dislipidemias (alteraciones del colesterol y/o triglicéridos), entre muchas otras.

Si no realizamos ninguna actividad física, estamos perdiendo una maravillosa posibilidad para relajarnos, proteger nuestros órganos, disfrutar de una correcta digestión y absorción de nutrientes, y tener un peso saludable. Todo esto sucede siempre y cuando consideremos el punto clave: «No existe el mejor ejercicio del mundo, el más efectivo ni el más quemador de grasa. El mejor ejercicio del mundo para ti es el que tú disfrutes».

Si hacer ejercicio no te ha ayudado a sentirte mejor y reducir tu ansiedad, quizás sea porque lo has estado practicando desde el «tengo que», es decir, desde la obligación, estresándote sólo con el hecho de pensar que tienes que hacerlo, lo cual activa tu estado de supervivencia. Todo esto hace que finalmente terminemos abandonando el ejercicio y sintiéndonos peor que antes, lo cual en muchos casos nos lleva a comer más y a seguir subiendo de peso.

Así que, cualquier actividad física no te ayudará a bajar de peso, cuidar tu salud o reducir tus niveles de estrés y ansiedad, por muy buena que pueda ser. La actividad que realmente te ayudará es aquella que la hagas disfrutando. Puedes probar con varias, hasta que encuentres una que te divierta y si ésta acaba cansándote, puedes probar con otra nueva. Recuerda que tienes derecho a cambiar de opinión.

3. Ayuda a mantener un peso saludable

No es que cuanto más ejercicio hagas más vayas a bajar de peso, no es inversamente proporcional; somos el resultado de miles de factores, pero está comprobado que la masa muscular es la que requiere más calorías para sobrevivir y la forma de generarla es a través del ejercicio y una buena nutrición.

Como vimos en el capítulo 3, nuestro cuerpo está constituido por agua, grasa y músculo y para funcionar necesita calorías. Nuestra tasa metabólica basal es el valor de energía o calorías que se mide para saber cuántas calorías necesita nuestro cuerpo para sobrevivir cuando estamos en reposo. Cuanta más masa muscular tengamos, mayor será nuestra tasa metabólica basal, ya que necesitaremos más energía para vivir. Por lo tanto, cuanto más ejercicio hagamos, más masa muscular desarrollaremos, más activo será nuestro metabolismo y mayor será nuestro requerimiento alimentario. Es por esto que los deportistas de élite consumen muchas más calorías que nosotros y no suben de peso.

4. Inteligencia

Existen estudios que han comprobado que realizar actividad física de forma regular estimula la generación de nuevas neuronas. Increíble, ¿verdad? No sólo nos ayuda en la protección cardiovascular, sino también a ser aún más inteligentes. Además, se ha visto que favorece la acumulación de factores que protegen las capacidades neuronales y el mantenimiento de las capacidades intelectuales, es decir, nuestra capacidad de memoria, aprendizaje y retención de información, convirtiéndose en un factor protector de enfermedades como el alzheimer.

Todos estos beneficios se han comprobado independientemente de la edad, ya que gracias a la neurociencia se ha evidenciado que podemos generar nuevas neuronas y conexiones neuronales a cualquier edad y hasta el último día de nuestra vida.

5. Conexión con nuestro ser

Grandes maestros del crecimiento personal como Julia Cameron, Louise Hay o Mario Alonso Puig, entre otros, nos hablan de cómo la actividad física se convierte en un momento de conexión con nosotros mismos y con nuestro ser.

Por eso, no te sorprendas si te llegan las respuestas mientras realizas alguna actividad física o poco tiempo después de haberla practicado, ya que es una de las mejores terapias para traer claridad a nuestra vida.

¿Cuánta actividad física se recomienda?

Todo depende de lo que quieras conseguir. Creo que, al igual que con la comida, cada uno tiene su propia sabiduría deportiva y quien mejor sabrá qué es lo mejor para ti, eres tú mismo.

Si quieres tener un cuerpo *fit*, por supuesto que vas a necesitar horas de entrenamientos específicos y una alimentación especial, asesorada por un nutricionista deportivo. Personalmente, me gusta ver la actividad física como un gesto de amor y respeto maravilloso hacia nosotros mismos, más que un medio para conseguir el cuerpo perfecto, el cual, de hecho, ya lo tenemos.

Existen varias posturas sobre la actividad física: algunos dicen que lo ideal es hacer unas tres o cuatro veces por semana, pero yo, personalmente, según todo lo que he ido estudiando, me quedo con la recomendación de realizar actividad física todos los días al menos durante treinta minutos.

Esto no quiere decir que tengamos que ir todos los días al gimnasio o realizar el mismo tipo de ejercicio, en realidad, puedes considerar como actividad física el caminar a paso firme (no a paso de *shopping*) e incluso puedes caminar quince minutos por la mañana y quince minutos por la tarde y así llegas a los treinta minutos diarios. Por ejemplo, puedes bajarte una parada antes de tu trabajo y por la tarde caminar una parada más para tomar el autobús, aparcar tu coche más lejos, usar las escaleras o moverte en bicicleta. Mi consejo es que tengas una vida más activa en general, y pienses en todos los momentos que tu propia rutina te facilita para hacer más ejercicio.

Creo importante aclarar que con treinta minutos de ejercicio al día conseguiremos proteger nuestro corazón, pero difícilmente conseguiremos marcar nuestros músculos; para eso son necesarias rutinas intensivas y específicas de ejercicio. Si esa es tu intención, te recomiendo que lo consultes con un entrenador personal.

¿Ejercicio en ayuno?

Es cierto que hay muchos estudios que así lo recomiendan, sobre todo porque quemamos más grasa, pero yo no veo el ejercicio sólo como un medio para adelgazar. Claro que es importante quemar grasa y generar más masa muscular, pero creo que es aún más importante ser respetuosos y cuidadosos con nuestro cuerpo.

¿No te parecería abusivo tener un jefe que pretendiera que trabajaras catorce horas diarias sin comer? ¿No es igual de abusivo pretender que tu cuerpo haga ejercicio después de llevar horas y horas sin comer? No te olvides que durante la noche, mientras tú estás durmiendo y descansando, tu cuerpo sigue funcionando.

No te digo que tengas que desayunar como un rey, pero al menos consumir una colación antes de entrenar, que puede ser, por ejemplo, una fruta con un poco de avena o un yogur, y ya después de entrenar tomas el desayuno.

En caso que realices actividad física por la noche, te recomiendo consumir una colación previa y después cenar una vez hayas terminado de hacer ejercicio; a no ser que vayas a caminar, en ese caso también podrías cenar antes.

Mejor horario para hacer ejercicio

Una vez más, tú mismo te darás esta respuesta. Tengo pacientes que se sienten mucho más productivos cuando hacen ejercicio por la mañana y tengo otros que si hacen eso acaban sintiendo más sueño durante el día. Por otro lado, tengo pacientes que cuando hacen ejercicio por la noche, se activan y no pueden dormir bien, y otros que duermen mucho mejor.

Seguro que habrá estudios que te recomienden que lo hagas por la mañana, pero quizás no te siente bien o no cuentes con ese tiempo a primera hora del día. Creo que muchas veces leemos tantas cosas y queremos hacer todo de una manera tan perfecta, que por el miedo a equivocarnos, finalmente no hacemos nada. ¡No dejes que sea tu caso! Sé realista, sé sincero. Elige algo que realmente disfrutes y hazlo lo mejor que puedas y a la hora que mejor te venga.

Ten presente que una de las comidas más importantes del día debe ser la de después de hacer ejercicio, independiente de la hora que sea, para que puedas entregar a tus músculos los nutrientes necesarios para la recomposición y generación de masa muscular. Esto lo consigues con «El Método de los 4 Elementos». Si algún día quieres comer algo que no sea saludable, es mejor que lo hagas justo después de entrenar, ya que tu metabolismo estará más activo, quemará con mayor rapidez las calorías y no absorberás lo mismo que si lo hubieses comido antes del ejercicio, cuando tu metabolismo estaba en reposo; también porque parte de esos nutrientes se destinarán a la regeneración del tejido muscular. Con esto no es que te esté recomendando comerte un paquete de galletas posejercicio, sólo te estoy diciendo que si, por ejemplo, te regalaron unas galletas especiales traídas desde el otro lado del mundo, comerlas después de hacer ejercicio sería el mejor momento.

¿Y si no tengo ganas de moverme?

Cuando descubrí esto, gracias a la maravillosa neurociencia, creo que me saqué un tremendo peso de encima y ahora que lo vas a leer, estoy segura de que tú también lo harás.

¡A ningún cerebro le gusta hacer actividad física! La función más importante para nuestro cerebro es sobrevivir, por lo que siempre intentará ahorrar la máxima energía para usarla en caso de peligro. Nuestro cerebro primitivo ama comer y dormir, así que si pensamos que nos va a pedir que, por favor, comamos sano y nos movamos más, nos pasaremos la vida esperando, puesto que hará todo lo posible para que hagamos exactamente lo contrario.

Ahí entra en juego nuestro cerebro más evolucionado, el neocórtex, que, gracias a su capacidad de razonar, sabe que hacer ejercicio y comer sano es beneficioso para nuestra salud. Gracias a esto nosotros mismos vamos a darnos ánimo, darle las gracias a nuestro cerebro primitivo por ayudarnos a sobrevivir y decirle que, aunque hace un excelente trabajo, ahora puede descansar porque no hay ningún animal salvaje persiguiéndonos. Después nos iremos a hacer ejercicio.

Siempre recuerdo cuando una de mis amigas, que es deportista de élite, me decía que entrenaba seis veces por semana y que aun así no había día en el que antes de salir de su casa, no pensara en excusas para no ir a entrenar. Cuando esto sucedía, rápidamente se acordaba de cómo funcionaba su cerebro, se ponía las zapatillas y se iba a correr. Cuando regresaba a casa se sentía plena, porque había elegido ella, no su cerebro primitivo, y sentía que había elegido muy bien, ya que hacer ejercicio era uno de sus mayores placeres.

Hacer ejercicio es una elección, no una inspiración que surja sola.

Dulces sueños

Nuestras horas de sueño tienen una importancia fundamental en nuestra vida. En este capítulo nos centraremos en cómo influyen en nuestra salud, cuerpo, metabolismo y peso.

1. Importancia de dormir bien

Existen múltiples beneficios cuando dormimos bien, algunos de ellos son:

Protector cardiovascular
A medida que dormimos, nuestro cuerpo está regenerando las células que se han dañado durante el día y creando nuevas células, ayudando a proteger a nuestros órganos de desarrollar enfermedades cardiovasculares.

Promueve un peso saludable
En la universidad nos presentaron numerosos estudios don-

de se comprobó que las horas de sueño tienen un impacto directo en nuestro peso.

¿Te ha pasado que los días que estás más cansado, tienes más ganas de comer? Ha sido demostrado que dormir menos de siete horas o más de nueve horas en la vida adulta se relaciona directamente con el sobrepeso y la obesidad, ya que si dormimos poco, somos más propensos a comer más. Esto sucede porque buscamos aumentar nuestra energía rápidamente y existe una creencia colectiva de que el azúcar te da energía rápida, pero, en realidad, después de la subida de energía, baja el azúcar y sientes más ansiedad, fatiga y cansancio, por lo que necesitas comer más azúcar para sentir nuevamente energía, entrando en un círculo vicioso.

Así que, si dentro de tus planes está el vivir con un peso saludable y no lo has conseguido pese a comer bien, hacer ejercicio y gestionar tus pensamientos y emociones, pon atención a tus hábitos de sueño.

Regulación niveles de apetito y ansiedad

Muchas veces confundimos hambre con sueño. Dormir bien nos ayuda a regular nuestro apetito natural y disminuir nuestros niveles de ansiedad.

Previene el envejecimiento precoz

Hay estudios que muestran que la dermis, el tejido de nuestra piel que está en constante contacto con el exterior, está muy expuesta a los daños y oxidación celular. Durante la noche, el cuerpo regenera estos daños, por lo tanto, para mejorar la calidad de nuestra piel y prevenir las arrugas de manera precoz, el descanso es fundamental.

Aumenta nuestra creatividad

La creatividad es maravillosa y necesaria en todas las áreas de nuestra vida, es una expresión divina de nuestro ser. Muchas veces es la forma que tienen nuestros deseos más profundos de manifestarse. Es conectar con lo divino, con esa fuente inagotable de ideas y posibilidades. Existe y alcanza para todos. Necesitamos estar descansados para poder conectar con ella de forma plena.

Aumenta la concentración y el aprendizaje
Un cerebro descansado es un cerebro mucho más activo y capaz de concentrarse en sus tareas diarias, por lo cual, es un cerebro más sano, eficaz y práctico.

Actividad prioritaria en nuestra vida
¿Sabías que pasaremos, en promedio, un tercio de nuestra vida durmiendo? Es una de las experiencias en las que más horas invertiremos, así que es fundamental cuidar nuestros hábitos de sueño para disfrutarla plenamente.

2. *¿Qué pasa si no duermo bien?*

Pasa todo lo contrario, es decir, cuando no cuidamos nuestras horas de sueño estamos más expuestos a:

- Desarrollar enfermedades crónicas
- Mayor cansancio durante el día
- Dolores de cabeza
- Aumento de peso
- Trastornos de la concentración
- Menor capacidad de memoria y aprendizaje
- Menor rendimiento
- Mayor riesgo de accidentes (menos alerta)
- Aumento de los niveles de estrés (con sus consecuencias que ya conocemos, tanto en nuestro cuerpo, peso y metabolismo)

3. Trucos para dormir y descansar mejor

Una vez más, tu propia sabiduría interior va a ser la mejor guía para que tengas un sueño placentero. Cuando te escuchas, conectas con tus necesidades y las cubres, te darás cuenta que es más fácil de lo que pensabas y que tu cuerpo te responderá de manera natural y maravillosa.

Te muestro algunas de las recomendaciones básicas que aprendí en la universidad que te pueden ayudar a dormir mejor. Pruébalas y observa cómo te sientan específicamente a ti, eres tu mejor y más certero punto de referencia.

Evita consumir alimentos estimulantes después de las seis de la tarde

- Café, mate, té
- Chocolate
- Refrescos con cafeína y bebidas energéticas (ojalá no consumas estos productos o lo hagas muy excepcionalmente)

Este punto es muy interesante, porque creo que es un excelente ejemplo de la diversidad humana. Tengo pacientes que se duermen tomando un café y otros que no pueden tomarlo durante la tarde, sino no duermen en toda la noche.

¿Cómo tolera tu cuerpo este tipo de sustancias estimulantes? ¿Tendrán que ver con tu calidad del sueño? Si no duermes bien, fíjate si estás consumiendo estos productos por la tarde o noche, evítalos y observa qué pasa.

Cuida tu peso

Se ha visto que cuando tenemos sobrepeso u obesidad, el

exceso de grasa también interfiere en nuestras vías respiratorias, haciéndonos más propensos a desarrollar apnea del sueño.

Además, para tu corazón es mucho más trabajo hacer funcionar un cuerpo que pesa, por ejemplo, 20 por ciento más de lo que debería pesar. Es como cuando tomamos un avión, tenemos un máximo de kilos en la maleta, cuando nos pasamos, nos cobran sobrepeso. Eso se puede pagar con dinero, pero en el caso de tu corazón no. La diferencia es que este sobrepeso también nos pasa factura, pero con la salud, que es uno de los bienes más preciados, junto con el tiempo.

Prefiere cenas ligeras y consúmelas al menos dos horas antes de irte a dormir

A grandes rasgos, ya que somos únicos y es importante que conectemos con nuestra propia sabiduría nutricional y observemos qué es mejor para nosotros, algunas recomendaciones que te podrían ayudar a conciliar el sueño son:

En las cenas evita:

- Carnes rojas
- Frituras
- Lácteos enteros y natas
- Alimentos flatulentos en caso que te produzcan hinchazón (ejemplo: brócoli, coliflor, repollo, legumbres, entre otros)
- Condimentos fuertes (si no tienes la costumbre)

En su lugar prefiere:

- Carnes blancas
- Pescados
- Cereales integrales

- Verduras (inclusive cocidas, para facilitar la digestión)
- Lácteos desnatados o bebidas vegetales sin azúcar añadido

Utiliza la respiración para relajarte

Al acostarte céntrate en tu respiración. Siente cómo el aire entra y sale de tu cuerpo. Si sientes tensión en algún lugar, concéntrate en él y siente cómo a través de la respiración se va relajando. Hacer este ejercicio te va a ayudar a dormirte más relajado y así conseguir un sueño más reparador. Si te es más fácil, puedes escuchar audios de relajaciones guiadas. Recuerda que puedes descargar el audio que te preparé para que escuches por las noches en <www.escueladenutricionemocional.com/regaloslibro>.

Evita sobrestimularte

¿Qué te sobrestimula? Se ha estudiado que hay ciertos factores comunes que, a la mayoría de las personas, nos pueden afectar antes de dormir, como, por ejemplo:

- Conversaciones incómodas
- Películas o libros de terror o acción
- Música estimulante (rock, música para bailar, electrónica, entre otras)

En su lugar prefiere:

- Tener conversaciones incómodas a primera hora del día o durante la tarde
- Leer un libro en vez de ver la televisión por la noche
- Música relajante

Planifica tus días

La preocupación son todas esas cosas que rondan en tu cabeza que tienes que hacer. Cuando las pasas al papel se vuelven ocupación y la ansiedad disminuye considerablemente, por lo tanto:

- Ten una agenda o *planner* donde escribas todo lo que quieres hacer.
- Planifica tus actividades de forma diaria, semanal e incluso mensual, siendo realista con los tiempos.
- Revisa tus tareas cumplidas y las que no hiciste vuelve a agendarlas.
- ¡Felicítate por el trabajo hecho! Al reconocer tus logros aumenta tu estado de satisfacción, eso te da placer, aumentando tus niveles de serotonina, la cual te ayuda a relajarte, activa tu metabolismo y disminuye tus niveles de estrés y ansiedad.

A veces no planificamos nuestros días, porque no tenemos tiempo para detenernos en eso, pero realmente al planificarnos estamos ganando tiempo, productividad, calma y salud.

4. *¿Cuánto dormir?*

Es importante entender que en salud la mayoría de las recomendaciones se basan en la campana de Gauss, es decir, gran parte de la población va a estar dentro de la campana (recomendación), pero habrá una parte que estará por debajo o bien por encima.

Habitualmente, se habla que un 10 por ciento de la población está debajo y un 10 por ciento está por encima. En este caso quiere decir que habrá personas que necesiten dormir un poco menos y otras un poco más.

En términos generales, las recomendaciones diarias son:

- Niños menores de 2 años: 13 a 20 horas
- 4 a 11 años: 10 a 12 horas
- 12 a 18 años: 8 a 10 horas
- Mayores de 18 años: 8 horas (varía entre 7 a 9 horas, según cada uno)

Muchos de mis alumnos me preguntan acerca de la siesta, sobre todo los españoles. La siesta, según lo que he estudiado, puede ser beneficiosa en términos digestivos y de descanso, pero no como restauradora de tejidos, como lo es el sueño nocturno. Por lo tanto, si puedes descansar unos veinte minutos después de comer, ya sea durmiendo o bien meditando, está muy bien, pero el dormir al menos siete horas por la noche, no son reemplazables con la siesta, ya que muchos de los mecanismos de reparación que suceden durante el sueño, se activan después de horas de estar dormidos, con lo cual el sueño nocturno es una cosa y la siesta es otra.

¿Para qué como?

¿Te has preguntado alguna vez qué buscas en los alimentos, cuál es tu intención a la hora de comer o qué se esconde detrás de tu ansiedad por la comida?

En PNL se dice que todo comportamiento humano, sea cual sea, tiene una intención positiva. Sí, todo comportamiento humano, incluso aquel que no entendemos. Esto no quiere decir que apoyemos todos los comportamientos, sólo quiere decir que siempre existe una intención positiva y que muchas veces no encontramos la forma más adecuada de satisfacerla, porque verdaderamente no somos conscientes de la necesidad que se esconde tras el deseo. Esta intención positiva, también conocida como ganancia secundaria, la mayoría de las veces es inconsciente o bien, aunque creamos conocerla, muchas veces existe una intención positiva más profunda detrás de la que detectamos superficialmente.

Simplificando la lógica de la intención positiva: la idea es buscar un «para qué» en lugar de un «por qué», es decir, buscar el sentido en lugar de hacer juicios. Por ejemplo, una persona que no se siente a gusto con su vida y no tiene herramientas para superar las distintas situaciones que le están sucediendo, comienza a comer compulsivamente chocolate para evadir sus emociones incómodas, frustraciones, miedos, angustias.

- ¿Para qué come compulsivamente chocolate? Para evadir su situación actual.
- ¿Para qué quiere evadir su situación actual? Para no pensar en los problemas que tiene.
- ¿Para qué no quiere pensar más en los problemas? Para sentirse tranquilo.

Su intención positiva es sentirse tranquilo en el momento y busca la forma de conseguirlo.

Muchas veces, esto lo hacemos de forma inconsciente, pero cuando nos detenemos a pensar, nos damos cuenta de que realmente el chocolate no tiene un poder secreto que nos regale la calma y, menos aún, que solucione nuestros problemas. Pero, aunque en el fondo lo sabemos, preferimos seguir comiendo chocolate a mirar de frente nuestros miedos o heridas más profundas. Así, comenzamos a buscar parches que vayan calmando el dolor de la herida, pero la herida sigue estando ahí. Es como si te clavases un clavo en un dedo y, sin sacarte el clavo, te pusieras un parche. Aunque quieras taparlo, el clavo sigue estando ahí.

Conocer un poco más sobre nuestro inconsciente nos puede ayudar a reconocer más fácilmente las intenciones positivas detrás de nuestros comportamientos. El inconsciente es simplemente lo que no es consciente. Nuestra mente guarda un sinfín de información y sólo puede hacer consciente entre un 5 y un 7 por ciento de ella, según distintos estudios de neurociencia, por lo que entre un 93 y un 95 por ciento de nuestra información es inconsciente. Esto sucede porque el inconsciente es capaz de captar la información cuarenta millones de veces más rápido que nuestro consciente y tiene lugar para almacenarla. Esto sería imposible hacerlo de forma consciente.

Imagínate entonces que tu inconsciente es como una gran biblioteca donde se ordena y acumula todo. Esta biblioteca está a oscuras para no gastar energía, pero nosotros tenemos una linterna con la cual podemos ir iluminándola. Cada vez que iluminamos alguna estantería de la biblioteca, la podemos ver, es decir, la hacemos consciente, pero cuando movemos la linterna hacia otra dirección, esa estantería vuelve a quedar a oscuras y se hace inconsciente. Hay momentos en los que nos vienen ideas a la memoria y entendemos muchas cosas; a veces creemos que estas ideas son nuevas, pero realmente podrían llevar allí años, sólo que no las habíamos iluminado.

Nuestro inconsciente guarda toda nuestra historia. Aquí se esconden nuestras intenciones positivas y las distintas formas que hemos ido aprendiendo a lo largo de nuestra vida para cumplirlas. Por ejemplo, a día de hoy cuando te lavas los dientes no piensas «me lavaré los dientes porque así evitaré las caries, tendré dientes bonitos, sanos, blancos y un buen aliento, y todo esto me ayuda a cuidar mi salud», pero cuando niño sí que te repetían constantemente estas cosas para que te lavaras los dientes y fueras siendo consciente de su importancia. Con el paso del tiempo, esto quedó grabado en tu inconsciente como un comportamiento que cumple una intención positiva. Así funcionamos con todo, incluida la comida.

En algún momento buscamos en la comida algo más que simplemente alimentarnos y lo encontramos, conseguimos disminuir nuestra ansiedad y así cumplir una de nuestras máximas intenciones positivas, que es sentirnos en calma. En ese momento, nuestro inconsciente guardó el hecho de comer como una solución exitosa para alcanzar nuestra intención positiva. Visto de este modo, el comer ha sido una bendición en nuestra vida que nos permitió encontrar calma y refugio ante muchas situaciones y sensaciones incómodas. Nuestro inconsciente es tan sabio y tan bueno que nos quiere ayudar y, si no encuentra otras opciones para alcanzar nuestras intenciones positivas, volverá a lo de siempre pero, no con el objetivo de hacernos daño, sino todo lo contrario: con el fin de ayudar a que nos sintamos en calma. Es importante que reflexionemos sobre para qué hacemos lo que hacemos y qué intención positiva estamos intentando cubrir con ello. Por ejemplo, en el caso de nuestra forma de comer, en vez de rechazarla, podemos preguntarnos para qué comemos realmente y qué intención positiva estamos intentando cubrir con la comida.

La claridad da poder. Cuanto más nos conozcamos, más posibilidades tendremos de encontrar otras alternativas que nos permitan cubrir nuestras necesidades y que sean más sanas para nosotros y nuestro entorno. Muchas veces al indagar sobre nuestra intención positiva o ganancia secundaria nos encontramos con respuestas que, en un principio, quizás no nos gusten, pero que después se convierten en las mejores soluciones para nuestros bloqueos.

Siempre recuerdo el caso de María, una de mis alumnas de Argentina quien, pese a haber estudiado Psicología, llevar años en terapia y haber probado con todo tipo de dietas, cada día subía más de peso. Nos dedicamos a buscar cuál era la intención positiva de su obesidad —existen muchas técnicas de PNL para encontrarla, en las actividades recomendadas de esta unidad te comparto una— y, gracias a unos ejercicios de audio que hicimos en el taller *online* de Nutrición emocional, ella se dio cuenta de que su obesidad había comenzado desde muy pequeña, cuando sus padres aún seguían juntos.

Su padre golpeaba a su madre y un día ella se puso en medio y consiguió pararlo. Los días siguientes, cuando veía que su padre iba a golpear a su madre, volvía a ponerse en medio y así evitaba los golpes. Con los ejercicios que hicimos se dio cuenta de que esa niña que se interponía entre sus padres, había llegado a la conclusión de que si fuese más grande podría defender mejor a su madre y a ella misma, y desde ese día comenzó a engordar. Se dio cuenta de la intención positiva que escondían sus kilos de más, hizo un trabajo muy bonito de perdón hacia ella misma y hacia sus padres y comenzó a bajar de peso.

Pese a la gran claridad que estaba teniendo con relación a su peso, María nos comentó durante una sesión que sentía que había algo más que la seguía bloqueando, así que seguimos indagando en su intención positiva y descubrimos algo que es mucho más común de lo que parece.

En nuestro sistema de creencias quien hace algo malo necesita ser castigado. Por ejemplo, si alguien roba, esa persona va a la cárcel, de esta forma se hace justicia y nos quedamos tranquilos. En el caso de María, ella se sentía culpable por el divorcio de sus padres, por lo cual creía merecer un castigo, así que, inconscientemente, se castigaba comiendo, pues así seguía engordando, atentando contra su cuerpo, contra su salud y autoestima. Inconscientemente el castigarse con la comida le daba tranquilidad, porque estaba haciendo justicia. Sé que puede sonar muy fuerte, y no es para menos.

Muchas veces sentimos culpa por situaciones que no nos corresponden. Realmente no somos culpables de nada, simplemente actuamos bajo el nivel de consciencia que teníamos en ese momento, con la información que manejábamos y con las sensaciones que teníamos. No somos culpables de lo que pasó entre nuestros padres, ni entre nuestros familiares, amigos o parejas. Incluso, tal como compartí en el capítulo 2, puede ser que las situaciones más importantes de nuestra vida ya las hayamos pactado antes de nacer.

Cada uno de nosotros crea su realidad. Así como somos capaces de crear alegrías, también somos capaces de crear dolor y tristeza. Cada uno es responsable de lo que crea en su vida. Siempre tenemos el derecho de cambiar de opinión. Habrá más caminos, pero muchas veces nos quedamos estancados en una circunstancia y es, precisamente, porque en esa situación hay algo que aún nos falta aprender para poder seguir avanzando.

La culpa nos hace caer en la trampa del maltrato. De hecho, muchas veces seguimos estando gordos por culpa ya que, como no somos capaces de controlarnos con la comida, nos castigamos comiendo más. Comerte un chocolate entero o una olla de arroz no te convierte en un criminal. No saber gestionar tus emociones ni encontrar soluciones más sanas para ti tampoco. Nadie nos ha enseñado, pero aun así estás aquí, buscando respuestas, porque en tu interior creías que había algo más; eso habla muy bien de ti.

Cuando María fue consciente de toda esta información, por fin logró liberarse de sus ansias por comer y al poco tiempo ya había bajado los diez kilos que deseaba.

Es tan potente este tema de la intención positiva. Recuerdo la primera vez que lo discutí: fue con Frank Pucelik, uno de los cocreadores de la PNL. Le dije que no estaba de acuerdo con el postulado de que todo comportamiento humano esconde una intención positiva, que qué pasaba en casos de violadores, pedófilos o asesinos. Me invitó a elegir uno de estos tres casos y, entendiendo que la lógica es la misma, elegí el caso de un asesino. Me explicó quc la mente enferma de un asesino cree que no encuentra la paz en este mundo por culpa de otra persona. Por ejemplo, un hombre que mata a su mujer. Él cree que por culpa de su mujer él no está en paz y que si ella no existiera, lograría ser feliz. Su mente enferma repite estos pensamientos una y otra vez, y finalmente él la mata. En el fondo, su intención positiva es sentirse en paz, pero claramente ésta no es la solución, sino todo lo contrario: con el paso del tiempo se da cuenta de que, aunque ella no esté, él no está en paz.

Sé que es un ejemplo extremo, pero quería compartirlo porque fue precisamente este ejemplo el que me ayudó a entender que todo comportamiento humano guarda una intención positiva, lo cual no significa que tengamos que estar de acuerdo con él, claro que no, hay muchos comportamientos que violan todos los principios de la humanidad y que son horrorosos.

Creo que esta perspectiva, más allá de llevarnos a justificar cualquier comportamiento, nos ayuda a entender qué hay detrás de él. Así como hay personas que no entienden cómo no puedes dejar de comer chocolate, otras no son capaces de entender cómo alguien mató a otra persona. Entiendo que son acciones muy diferentes pero, nos guste o no, hay mentes más dañadas que otras. Insisto, no digo que tengamos que estar de acuerdo ni apoyar estos casos, es simplemente entender que nuestra mente nos puede jugar malas pasadas y no porque sea mala, sino porque nosotros hemos apagado nuestro poder personal, creyendo que somos esos pensamientos y olvidándonos que somos mucho más que eso. Es como ver una película de ciencia ficción y creer, con los ojos cerrados, que es verdad. Sabemos que el payaso diabólico no existe, pero aun así nos daba miedo. Sabemos que la comida no solucionará nuestros problemas, pero aun así, seguimos comiendo. ¿Cuál es la diferencia?

Vivir en el momento presente, confiando en la vida y rindiéndonos a sus pies, es el mejor camino que conozco para calmar nuestra ansiedad y comenzar a mirar de frente nuestros miedos y heridas, con plena seguridad que todo lo que vivimos es necesario para nuestra experiencia de vida y que seremos capaces de superarlo, sanar y trascender.

También recuerdo la historia de Matilde, una de mis alumnas de Uruguay. Comenzó a aplicar todo lo aprendido en el taller *online* de Nutrición emocional, y ya había adelgazado ocho kilos cuando de repente comenzó a engordar nuevamente. No entendía por qué si iba tan bien, ahora volvía a boicotearse y comer como antes. Indagando en su intención positiva de comer de esa manera mediante unos ejercicios de PNL, descubrió que su miedo no era a engordar, sino más bien a adelgazar.

Ella llevaba años mal con su marido, pero tenían una familia: dos hijos adolescentes, una mascota, una casa y veinte años de historia común. Cuando bajó los ocho kilos comenzó a sentirse atractiva nuevamente, a usar vestidos que no se ponía desde hacía años, a sonreír más y hasta le dieron ganas de volver a maquillarse. Con todos estos cambios comenzó a llamar la atención de sus compañeros de trabajo y tuvo miedo, porque empezó a sentirse atraída por otros hombres.

Fue impresionante su cambio cuando descubrió esto, porque se dio cuenta que su problema no estaba en la comida. Decidió conversar con su marido e iniciaron una terapia de pareja. Independiente de qué pasara en su matrimonio, ella se dio cuenta de que la ansiedad que sentía iba mucho más allá que su tema con el cuerpo y que, aunque pesara más o menos, su matrimonio era un tema que ya no quería seguir evadiendo.

Semanas después, la invité a indagar un poco más en este tema de la intención positiva y a observar si podía existir otra intención tras esta intención. Haciendo otros ejercicios de PNL fue consciente de que, aún más allá de su obesidad y su matrimonio, el hecho de estar casada la hacía sentirse parte de un clan, ya que estaba cumpliendo las expectativas familiares. Sus abuelos, padres y hermanos tenían matrimonios únicos, duraderos y, aparentemente, felices. Si ella se separaba, ¿qué iban a decir? Automáticamente sentía que eso la convertiría en la oveja negra de la familia.

Así fue como comenzamos a trabajar con sus creencias (lo veremos en el próximo capítulo) y se dio cuenta de que no quería seguir viviendo su vida bajo las expectativas de los demás, que cumplir un prototipo no la hacía más o menos válida, ya que su valía no dependía de seguir o no unas reglas.

Esto no quiere decir que vayamos a hacer todo lo contrario a lo que hemos aprendido, simplemente que si no somos felices con la vida que estamos llevando, podemos detenernos a observar qué pasa y bajo qué parámetros estamos viviendo; que tenemos derecho a cambiar de opinión y que nosotros mismos somos los responsables de velar por nuestra felicidad.

Matilde, tras descubrir todo esto, comenzó a hacer cambios desde el amor, con mucha paciencia y consciencia. Bajó todos los kilos que quería y le está dando una nueva oportunidad a su matrimonio, pero no desde el miedo ni la obligación, sino desde la confianza de que, pase lo que pase, será lo mejor para ella y su familia, y que su mayor lealtad no es con un sistema de creencias ni con los demás, es con ella misma. Se percató que durante toda su vida había sido fiel a todos menos a ella y, aunque no es un cambio fácil ni inmediato, por primera vez en su vida se está escuchando y respetando, permitiéndose sentir y poniéndose en primer lugar.

Por casos como estos es tan importante detenernos a pensar qué es lo que realmente se esconde detrás de nuestros comportamientos. Somos especialistas en evadir lo que sentimos, pero cuando queremos hacer un cambio real y duradero, es necesario llegar a la raíz. Además, cuando tocas fondo ya tienes algo claro: más abajo no vas a llegar, así que desde ahí sólo puedes comenzar a estar mejor. La clave está en encontrar esa intención positiva y valorar las opciones más sanas para satisfacerla.

Sea cual sea el comportamiento que queramos cambiar —comida, tabaco, sedentarismo, relaciones, etc.—, lo primero es encontrar qué intención positiva se esconde detrás de él y elegir un nuevo comportamiento ecológico que la cubra, para así no saltar a otros comportamientos que nos sigan haciendo daño; muchas veces seguimos viviendo desde la energía del autocastigo y cubrimos la intención positiva con otros patrones igual de dañinos, lo que hace que sigamos con el mismo vacío. Por ejemplo, cuando sentimos ansiedad podemos pasar de comer a fumar, beber, irnos de compras y llenarnos de cosas que no necesitamos, entrar en una relación tóxica o volvernos adictos al trabajo. De este modo, seguimos en la energía del maltrato, saltando de un comportamiento dañino a otro. A veces es preferible no hacer cambios hasta no detectar qué intención positiva está cubriendo el comportamiento que deseamos cambiar, porque no sabemos a qué otras áreas pueden afectar ni sus consecuencias. Dañarnos jamás será la vía para cubrir nuestras necesidades, que surgen del hecho de habernos desconectado de nuestra verdadera esencia, ya que en los momentos que somos consciente de qué somos, nos damos cuenta de que no hay necesidades, porque no hay carencias: somos seres completos.

La vida te revelará todo lo que necesitas para descubrir tus intenciones positivas. Confía. Por lo general, la máxima intención es recuperar la calma y así volver a conectar con nuestra paz interior, con nuestra verdadera esencia. La mayoría de las cosas que hacemos es para volver a nuestro estado puro. Muchos maestros dicen que el gran viaje de nuestra vida es volver a nuestra esencia, la cual olvidamos al momento de nacer, que la vida es el camino de vuelta a casa, el camino donde vamos recordando qué somos. Esto, en gran parte, responde a esa sensación de vacío, a sentir que nada nos es suficiente, y por eso vamos de un comportamiento a otro, buscando en la comida, pareja, trabajo, tabaco, alcohol, fiesta o ropa, entre muchas otras cosas, algo que nunca encontraremos. Todos estos son parches momentáneos; al cabo de un tiempo dejan de funcionar y vuelve la sensación de vacío. Buscamos esa calma fuera, olvidándonos de que lo único que te puede devolver esa calma eres tú, nada ni nadie más, simplemente tú.

> Ámate a ti mismo primero y todo lo demás vendrá a continuación. Realmente hay que amarse a uno mismo, para conseguir hacer algo en este mundo.
>
> LUCILLE BALL

Hay otra variante fundamental para alcanzar la intención positiva. ¿Te pasa que una parte de ti quiere hacer una cosa y otra parte de ti quiere hacer otra? Por ejemplo, una parte de ti se quiere cuidar y comer saludable, pero la otra quiere comerse todo el chocolate. O lo típico de que una parte se inscribe en el gimnasio y paga el plan anual para motivarse y la otra quiere quedarse en el sofá (generalmente, después de unas dos o tres semanas, ésta es la parte vencedora).

Frank Pucelik, psicólogo cocreador de la PNL, dice que el 90 por ciento de los problemas humanos se debe a esta dualidad, a tener dos partes dentro de nosotros (o incluso a veces más), las cuales tienen, eventualmente, intenciones diferentes y al no ponerse de acuerdo, finalmente ninguna consigue su objetivo. Muchas veces creemos que una de nuestras partes es la «buena» y la otra es la «mala», pero realmente cada una de nuestras partes, por difícil que sea de creer, guarda una intención positiva.

Por ejemplo, si nos centramos en cuidarnos con la comida, generalmente tendemos a rechazar a esa parte que no quiere cuidarse, pero esa parte también es parte nuestra y también tiene su intención positiva. Además, lo que resiste, persiste. Así que por más que la rechaces, no se va a ir. Si descubres para qué está ahí y negocias con tus partes, es cuando ocurre la magia, ya que ambas se unen como equipo para cumplir con la intención común.

Es importante mirar de frente a cada una de nuestras partes, ponerles cara, forma, características, ver qué edad tienen, cómo se visten, cómo hablan, cómo son, cómo se expresan y darles el espacio que cada una merece. No tenemos ninguna parte mala, todas nuestras partes son buenas y, por lo general, la que creemos que es mala, no es más que una parte de nuestra historia que está dañada y necesita ser atendida, sanada y reconocida.

Te invito a indagar en tus distintas partes, en esa parte de ti que quiere conseguir algo y en esa otra que quiere, aparentemente, lo contrario. Cuando encuentres las intenciones positivas de tus partes sigue escalando, es decir, vuelve a preguntarles qué intención positiva se esconde detrás de esa intención positiva, y así hasta que ya no haya más intenciones positivas; esto se llama escalar de nivel en las intenciones. Si una parte está en un nivel muy bajo y otra parte tiene una intención muy elevada, no es fácil que se pongan de acuerdo, pero al escalar nuestras intenciones a la máxima intención, es cuando somos conscientes de que, en la mayoría de los casos, ambas partes quieren lo mismo, pero por distintas vías, y que si no se unen no lo van a conseguir.

Esto funciona exactamente igual para todas las áreas de tu vida, así que ya conoces la clave para hacer cambios profundos y permanentes.

> Detrás de todo comportamiento humano se esconde una intención positiva. Para hacer un cambio real es importante descubrir esta intención y cubrirla con un nuevo comportamiento más sano para nosotros, sólo de esta forma nos podemos asegurar de no volver al comportamiento anterior, porque ya no lo necesitamos.
>
> FRAN SABAL

Resumen

- La mejor actividad física para ti es aquella que disfrutas.
- Pasarás, en promedio, un tercio de tu vida durmiendo. Haz todo lo posible para que sean horas de calidad.
- Detrás de todo deseo existe una necesidad.
- Cuando encuentras qué se esconde detrás de tus ganas de comer, puedes comenzar a sanar tu relación con los alimentos desde la raíz.
- Todo tiene un para qué, incluso aquello que rechazamos.
- Confía en ti. Tú puedes.

Actividades recomendadas

1. Busca una actividad física que te encante

2. Observa tus hábitos de sueño

3. Ejercicio básico para descubrir tu intención positiva

- Realiza una pequeña relajación de unos tres minutos para traer tu mente a este momento y tener tu cuerpo completamente relajado; hazlo mediante tu respiración, poniendo atención a cómo el aire entra y sale de tu cuerpo, mientras inspiras y espiras por la nariz. Si favorece a tu relajación, puedes escuchar alguna canción. Si tienes alguna parte de tu cuerpo en tensión, enfoca tu energía en él y siente cómo a través de tu respiración se va relajando.
- Cuando te encuentres totalmente relajado, te voy a pedir que cierres los ojos y te visualices tal cual estás en este momento. Obsérvate, observa cómo te ves, mírate con ojos de amor y compasión, sin juicios ni críticas, simplemente obsérvate durante un momento, observa qué está pasando contigo.

Y sin juzgar, lo que venga primero a tu mente, te pido que respondas a las siguientes preguntas:

1. ¿Qué estás buscando en la comida?
2. ¿Qué quieres conseguir realmente cuando comes?
3. Imagínate, si sigues buscando en la comida aquello que no está ahí... ¿Cómo crees que sería tu vida de aquí a un año? ¿Y en cinco años? ¿Y en diez años? ¿Es esto lo que realmente quieres?

4. ¿Qué es lo que verdaderamente necesitas y no encuentras?
5. ¿Qué nuevos comportamientos podrías tener en este momento que te podrían ayudar a cumplir tu intención positiva?
6. ¿Este nuevo o nuevos comportamientos, podrías comenzar a ponerlos en práctica desde ahora?
7. En caso de que no, ¿qué necesitarías para ponerlo en práctica?
8. En caso que no te sea posible ponerlo en práctica, ¿existe otro comportamiento que esté al alcance de tus manos y que puedas comenzar a poner en práctica cuanto antes?
9. ¿Este nuevo o nuevos comportamientos son ecológicos para ti, es decir, no te hacen daño?
10. Imagínate realizando este nuevo comportamiento ¿Cómo te sientes? ¿Te entrega lo que realmente estás buscando? Tómate tu tiempo para revisar esta pregunta. Incluso puedes buscar más comportamientos y cambiarlos cada vez que creas necesario.
11. Lee todas tus respuestas, siente qué pasa en tu interior en el momento de leerlas y observa cómo te sientes, ¿tienen sentido para ti?
12. Si quieres modificar algo, hazlo, y luego, por favor, escribe una pequeña reflexión acerca de este ejercicio.

6

El poder de mis pensamientos

> La mente lo es todo, en lo que piensas te conviertes.
>
> SÓCRATES

Descubriendo mis pensamientos

Te has preguntado alguna vez:

- ¿Qué son los pensamientos?
- ¿Cuántos pensamientos tenemos al día?
- ¿Qué impacto tienen en nuestra vida?
- ¿Tendrán alguna relación con nuestro peso?

Lo más probable es que no sean preguntas que nos hagamos habitualmente, pero es importante detenernos en este punto, ya que nuestros pensamientos repercuten en nuestra vida y en nuestro cuerpo más de lo que imaginamos.

Con el objetivo de simplificar al máximo nuestro aprendizaje, ya que nuestro cerebro es muy complejo y un neurocientífico nos lo explicaría con todo lujo de detalles, haremos una definición práctica y sencilla.

Podemos dividir nuestro cerebro en tres partes:

1. Reptiliano

Como lo dice su nombre, lo tienen hasta los reptiles. Es la parte del cerebro más básica y primitiva, que tenemos desde hace miles de años. Su principal función es la supervivencia. Funciona de forma automática ante una alerta, eligiendo entre «atacar» o «huir» según el peligro que perciba.

Este cerebro necesita ahorrar energía, es decir, comer lo más posible y moverse poco, para poder tener reservas en caso de peligro y así cumplir con su función, que es mantenernos con vida.

2. Límbico

En esta parte del cerebro se generan las emociones. Los animales también tienen este cerebro, es por eso que, por ejemplo, los perros cuando ven a sus dueños se ponen felices y comienzan a mover el rabo.

Este cerebro también se encarga de algunas funciones vitales básicas como hambre, sed, temperatura, ritmo cardiaco, presión sanguínea o apetito sexual, entre otros.

3. Neocórtex

Esta parte del cerebro es la más avanzada. Sólo lo tenemos los seres humanos y es la parte que permitió la evolución del hombre, donde se desarrolla nuestro razonamiento y habilidades de lenguaje.

Ésta es la parte que nos diferencia del resto de los seres vivos, la que nos permite pensar, hablar, comunicarnos de la forma en que lo hacemos o desarrollar tecnología, entre muchas otras actividades. A esta parte se le atribuye el pensamiento (aunque realmente muchos autores hablan de que el pensamiento viene de nuestra mente, lo cual es algo abstracto).

Cada vez que pasa sangre por una de tus neuronas, se genera un pensamiento. Al tener billones de neuronas, siempre estaremos generando pensamientos, por lo tanto, la idea de «dejar la mente en blanco» sería incompatible con estar vivos. El secreto no está en no generar pensamientos, sino más bien en qué tipo de pensamientos estamos generando y qué estamos haciendo con ellos.

El hecho de comenzar a centrarnos en nuestra respiración y en cómo el aire entra y sale de nuestro cuerpo a través de la nariz, nos ayuda a ir calmando nuestros pensamientos y a enfocarnos en el momento presente. No consiste en dejar de pensar, consiste en poner atención al momento presente.

La terapia cognitiva conductual, desarrollada inicialmente por John B. Watson, postula lo siguiente:

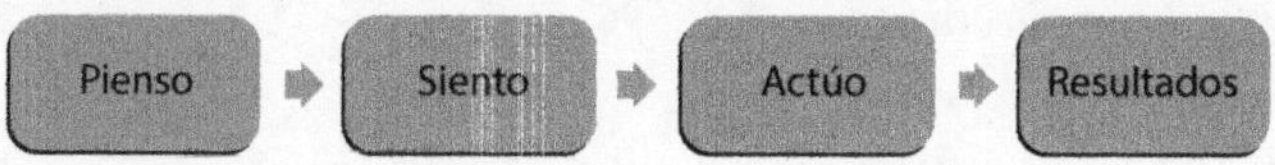

Según como pienso, siento. Según como siento, actúo. Según como actúo, son mis resultados.

El proceso entre pensar y sentir tiene una diferencia de milésimas de segundos, por eso, algunos autores dicen que ocurre a la vez o incluso que primero sentimos. Lo que ocurre realmente es que el pensamiento es tan rápido, y muchas veces recurrente y automático, que no nos damos ni cuenta de que hubo un pensamiento previo a la sensación.

Imagínate que cada uno de estos cuatro pasos es un nivel:

Primer nivel = Pensamiento
Segundo nivel = Emoción
Tercer nivel = Acción
Cuarto nivel = Resultado

Si llevamos esto a la nutrición y a los problemas de sobrepeso; generalmente, cuando queremos adelgazar, ¿qué nos recomiendan? Dieta y ejercicio. Y estas recomendaciones, ¿en qué nivel están? Pues en el tercer nivel, es decir, van a la acción.

¿Crees que actuando a este nivel podrás mantener los cambios a largo plazo? Lo más probable es que no, y ésta también es una de las razones del efecto rebote. Por lo tanto, una de las mejores estrategias, si queremos conseguir cambios a medio y largo plazo, es actuar en la base, es decir, en nuestros pensamientos y emociones; por eso es tan importante aprender a gestionarlos.

> Todo ser humano, si se lo propone, puede ser escultor de su propio cerebro.
>
> SANTIAGO RAMÓN Y CAJAL

Un escultor para hacer sus esculturas necesita herramientas. De la misma manera, para esculpir nuestro cerebro nosotros también necesitamos herramientas y es por eso que, desde que comenzamos este libro, te invito a seguir algunas tareas diarias como tomarte diez minutos al despertar para hacer una relajación, agradecer, escribir tus páginas matutinas, tener citas contigo mismo, respirar de forma consciente, respirar antes de comer, elegir alimentos de calidad, tener un equilibrio macronutricional en tu plato, hacer una actividad física que disfrutes y cuidar tus horas de sueño, que te ayudarán a conseguirlo.

Santiago Ramón y Cajal, a quien se le concedió el Premio Nobel de Medicina en 1906, descubrió las espinas dendríticas de las neuronas, es decir, esas patitas que salen de las neuronas y hacen que se conecten unas con otras. Su descubrimiento es la base de la neurociencia actual y él fue fiel a su convicción de que todos podríamos cambiar nuestra vida si aprendiésemos a esculpir nuestro cerebro con pensamientos «positivos». Como llevo haciendo a lo largo del libro, escribo positivo entre comillas porque realmente nada es positivo ni negativo, es nuestra interpretación lo que lo convierte. Utilizaremos estos términos como un lenguaje consensuado a la hora de hablar de pensamientos y emociones, pero ten siempre presente que todo tiene una razón de ser y nada es bueno ni malo.

Raúl Miranda, uno de mis profesores de PNL y autor de *El Alfabeto del Silencio*, más que referirse a los pensamientos como «positivos» o «negativos», los define como «más o menos acertados», según cuánto nos acerquen a nuestra calma interior. Para él, nuestro estado de calma es el termómetro ideal para medir nuestros pensamientos.

Es importante saber que una emoción es la demostración física de un pensamiento. A su vez, cuando la emoción perdura en el tiempo, se convierte en un sentimiento, es decir, un sentimiento es el producto de sentir una emoción y pensar continuamente en ella. Dicho esto, trabajaremos sobre los pensamientos considerando que es una línea muy fina la que los divide de las emociones.

¿Pueden convivir al mismo tiempo pensamientos positivos y negativos?

Entendamos como pensamientos «negativos» aquellos que nos llevan a sentir emociones y sensaciones de miedo, enfado, resentimiento y desesperanza; y como pensamientos «positivos» aquellos que nos llevan a sentir emociones y sensaciones de amor, gratitud, ilusión y compasión.

¿Crees que estos tipos de pensamientos pueden convivir a la vez?

Para responderte, me gustaría que imaginaras que nos

vamos de viaje a África. De repente, cuando estamos caminando a través de la sabana africana, nos aparece un león. ¿Qué crees que sentiríamos y haríamos en ese momento?

- **Opción A**: sentir miedo y comenzar a actuar rápidamente para salvar nuestras vidas.
- **Opción B**: pensaríamos en mirar al león, comenzar a sentir ternura por él, admiración por lo bonito y majestuoso que es y hasta nos tomaríamos el tiempo de hacernos un *selfie*.

Creo que, a menos que queramos morir, todos nos quedaríamos con la opción A.

Los pensamientos «positivos» o «negativos» no pueden convivir a la vez. Esto no quiere decir que en nuestra vida cotidiana, donde en general no estamos expuestos a peligros reales, pasemos de un pensamiento más acertado a uno menos acertado, una y otra vez, o que haya momentos en los que sintamos amor y en otros miedo, pero es importante que elijamos desde donde queremos vivir la mayor parte del tiempo.

Cuando eliges vivir desde el miedo, te estás alejando de lo que realmente eres: amor. Cada vez que nos alejamos de nuestra verdadera esencia, esos pensamientos traen consigo las sensaciones de incomodidad. Tu verdadera esencia te llama y te pide que vuelvas a ella. Elegir el amor, la gratitud, la ilusión y la compasión, nos acercan a lo que realmente somos, a lo que nos hace sentir cómodos.

Detenernos en el mundo de los pensamientos y darnos cuenta cómo influyen en nuestra vida, desde el punto de vista científico, puede ser un punto de cambio muy importante.

Efectos de los pensamientos negativos

Nos llevan a sentir miedo

La neurociencia ha estudiado que cuando vivimos pensando constantemente cosas negativas aumenta el miedo, puesto que los pensamientos negativos activan el centro del miedo en nuestro cerebro y cada vez tenemos más y más miedo. Miedo a hacer cosas nuevas, miedo a aprender, miedo a hablar, miedo a decir lo que queremos. El miedo atrae más miedo.

Aumentan el estrés metabólico

Los pensamientos negativos aumentan el estrés, repercutiendo en todo nuestro cuerpo, órganos y sistemas. Por lo tanto, no es de extrañar que si vivimos en constante estrés nuestro metabolismo no funcione de la mejor manera, y esto se vea reflejado en nuestro peso y salud en general.

Constituyen un factor de riesgo cardiovascular

Quién iba a imaginar que tener pensamientos negativos podría ser un factor de riesgo para desarrollar enfermedades como hipertensión arterial, aumento de colesterol y triglicéridos, obesidad o diabetes tipo 2 que actualmente representan las primeras causas de muerte a nivel mundial.

Disminuyen el funcionamiento neuronal

Así que, si quieres ser aún más inteligente y desarrollar tus capacidades neuronales, es fundamental que comiences a pensar de forma más positiva.

Efectos de los pensamientos positivos

Aumentan la sensación de gratificación

Activan en nuestro cerebro el sistema de recompensa, lo que hace que tengamos más ganas de atrevernos y de probar cosas nuevas para sentirnos gratificados. Es por esto que muchas veces hemos escuchado que el primer paso es el más importante, porque una vez que lo das, tu cerebro te hará sentir las ganas de seguir avanzando más y más.

Promueven un estado de tranquilidad

Se ha visto que mejoran nuestra salud en general, ya que promueven la calma, lo cual hace que nuestro metabolismo funcione adecuadamente, promoviendo el sistema digestivo. Por lo tanto, si quieres bajar de peso o mantener un peso saludable, elegir pensar cosas positivas, es una de las bases para conseguirlo.

Protección cardiovascular

Son un factor protector del desarrollo de enfermedades como hipertensión, hiperlipidemias (colesterol o triglicéridos altos), obesidad o diabetes tipo 2, entre otras. Ahora bien, si todos los días comemos fritos y grasas saturadas, por muy en positivo que pensemos, nuestro corazón y tejido graso podrían llegar a sufrir las consecuencias.

Fortalecimiento del sistema inmune

Pensar en positivo disminuye el estrés, con lo cual, promueve un correcto desarrollo y función de nuestros glóbulos blancos, que son los principales encargados del sistema inmune, disminuyendo así el riesgo de enfermedades.

Aumenta nuestra inteligencia

Los pensamientos positivos recurrentes activan células madre que están alojadas en nuestras cavidades cerebrales, convirtiéndolas en nuevas neuronas.

Se ha estudiado que estas células tardan entre 21 y 33 días en convertirse en neuronas. De este postulado nace que tardamos entre 21 y 33 días en generar un nuevo hábito.

Reinventarse es una realidad física, que sucede a cualquier edad.

> Lo decían los iluminados, los meditadores y los sabios, ahora también lo dice la ciencia: hoy sabemos que la confianza en uno mismo, el entusiasmo y la ilusión tienen la capacidad de favorecer las funciones superiores del cerebro.
>
> MARIO ALONSO PUIG

Si comienzas a leer libros de neurociencia (en la Bibliografía te recomiendo algunos), descubrirás muchas otras áreas en las que repercuten nuestros pensamientos, incluso en nuestros ritmos cerebrales, que están conectados directamente con nuestra creatividad, descanso y metabolismo.

Conociendo mi mente

> La mente es como un paracaídas, sólo funciona si la tenemos abierta.
>
> ALBERT EINSTEIN

Imagina tu mente como una máquina generadora de pensamientos que funciona perfectamente, a la velocidad de la luz y que no está programada para descansar.

No intentes entender tus pensamientos, no los critiques ni los juzgues, ya que cada vez que lo haces los sigues alimentando, convirtiéndolos en patrones de pensamientos obsesivos y atrayendo más de lo mismo, ya que donde pones tu foco, va tu energía y eso es lo que crece en tu vida. El trabajo de la mente es generar pensamientos, y lo hace muy bien, tu trabajo es no resistirte ni dejarte llevar por ellos.

Recordarás que en el primer capítulo te pedí que, por favor, no pensaras en un chocolate; y, menos aún, en tu chocolate favorito, ese que tanto te gusta. Pese a que te lo pedí por favor, no podías evitar pensar en él. Cada vez que sigues pensando en aquello que no quieres pensar, más lo atraes a tu vida, por lo tanto, el secreto está en hacerlo mucho más simple: «Enfócate en lo que sí quieres».

Imagina tu mente como si fuera un televisor, ¿qué canal quieres ver? Tú lo eliges, la televisión no te elige a ti. Imagínate que eliges ver el canal 20 y justo tu mando no funciona para esas teclas, entonces para llegar a él tienes que pasar por otros canales; seguramente pasarás esos canales rápidamente para llegar al 20, ya que ese es el canal que quieres ver. No te detienes a pensar: «¿Por qué este canal es tan malo? ¿Por qué en este canal no dan este otro programa? ¿Por qué la presentadora se puso ese vestido? ¿Por qué usan esa música? ¿Por qué hablan de este tema?». Si comienzas a hacer eso, lo más probable es que cuando llegues al canal 20, si es que llegas, tu programa favorito ya haya terminado.

Tú ya sabes qué quieres ver y vas lo más rápido posible al canal 20, sin despistarte por el camino; tu mente funciona igual. Esto no quiere decir que no podamos encontrar otros programas interesantes mientras buscamos el canal 20; en tal caso podemos elegir ver otro canal, o bien seguir con nuestro plan inicial. Habrá días en los que el mando funcionará perfectamente y podrás pulsar el canal 20 y conectar con él automáticamente, mientras que habrá otros días en los que no funcionará tan rápidamente y tendrás que pasar por otros canales hasta llegar. Según la importancia que le des a estos otros canales, llegarás al canal que deseas antes o después.

Vamos a revisar algunos pasos básicos y sencillos para comenzar a gestionar nuestros pensamientos.

1. Observación

Tú no generas voluntariamente esos cien mil pensamientos diarios, es tu mente la que lo hace. Entonces, no los cuestiones ni entres en el juego, simplemente obsérvalos e imagina que son como nubes pasando por un cielo azul maravilloso, no te identifiques con ellos. Tú no eres tus pensamientos. Tu esencia no es algo efímero como son los pensamientos.

2. Presta atención al momento presente

Si comienzas a concentrarte en lo que está pasando, en lo que estás haciendo y sintiendo en cada momento, tu mente se centrará en el aquí y ahora, que es el único lugar y tiempo que realmente existe. Enfocarte en el presente es uno de los mayores secretos para gestionar nuestra mente.

Como bien dice Eckhart Tolle en su maravilloso libro *El poder del ahora*, el ahora es el único momento donde no existen los problemas, donde todo está bien. Si estás lavando los platos, estás lavando los platos, independientemente de que tu objetivo sea que estén limpios; eso ya es el futuro y, si piensas sólo en el objetivo, te pierdes el proceso, que es donde sucede la vida.

Centra tu atención en lo que estás haciendo en cada momento. Tu mente tiene dos funciones incompatibles entre sí: estar pensando o estar presente, y si no estás presente es como si no hubiese pasado.

¿Sabes que en este preciso momento acaba de nacer Juan, el hijo de Carolina? No, ¿verdad? Pero no porque no nos hayamos enterado o no sepamos quien es Carolina, significa que no haya pasado. Esto mismo pasa a la hora de comer: si mientras comías pensabas en mil cosas, para tu mente es como si no hubiese pasado y te sigue pidiendo más comida, lo cual traducimos como ansiedad. ¿Ansiedad o falta de presencia? La presencia sana, calma y enriquece nuestra vida, nuestro cuerpo y nuestro metabolismo.

Me encanta imaginar nuestra mente como un campo de tierra fértil y a nuestros pensamientos como semillas que plantamos en ese campo fértil. Según todo lo que escuchamos, vivimos y experimentamos, nos iremos dando cuenta de que hay semillas de malezas y otras semillas de árboles frutales. Lo más probable es que hayamos plantado muchas semillas de todo tipo, pero tú puedes elegir qué semillas regar y cultivar y así, poco a poco, irán creciendo en el campo fértil de tu mente aquellas semillas que vayas alimentando.

Si en el camino te vas encontrando con alguna maleza, puedes acercarte a ella con comprensión, entendiendo que si estaba ahí es porque alguna vez llegó a ti para algo, explicándole que ya no la necesitas, agradeciéndole el tiempo que estuvo en tu jardín y las cosas que aprendiste gracias a ella, incluido el valorar aún más los frutos, y, por último, desde esa tranquilidad y agradecimiento, cortarla desde la raíz, ya que si lo haces desde la rabia y el rencor, la cortas sólo superficialmente y con el tiempo vuelve a crecer.

El amor tiene la capacidad de desvanecer la mala hierba desde la raíz, deshaciéndola y convirtiéndola en abono para el campo de tu mente, donde, si así lo eliges, cada vez podrás cosechar más y más frutos. ¿Qué semillas eliges regar?

Reprogramándonos

- ¿Qué te ha llevado a creer lo que crees?
- ¿Tus pensamientos hacia ti mismo nacieron de ti o de otros?

- ¿Cómo has sido programado?
- ¿Podemos reprogramarnos?

Las creencias no son más que pensamientos que asumimos como verdaderos y comenzamos a pensar una y otra vez. Según donde hemos nacido, nuestra cultura, lenguaje, entorno, familia, amigos, religión o experiencia personal, entre otros factores, tendremos unas creencias u otras. Necesitamos desarrollar un sistema de creencias, puesto que vivimos en sociedad, y hay sociedades en las que, por ejemplo, comer cerdo es un pecado y otras, como en España, en las que el cerdo es uno de los alimentos más valorados.

Por ejemplo, actualmente en la mayoría de nuestros países las mujeres llevamos pantalones sin que se nos mire raro, pero ¿tu abuela usaba pantalones? ¡Porque la mía nunca! Muchas veces mi abuela prefería pasar frío antes que usar pantalones, hasta que, ya a muy avanzada edad, mi madre y mis tías la convencieron para usar pantalones un día de invierno y desde ese momento, no se los volvió a quitar. Se dio cuenta de que por creer que los pantalones no eran de señoritas, había estado pasando frío y enfermando cada vez más a menudo. A día de hoy, ¿qué mujer joven va a pensar que llevar pantalones no es de señoritas?

¿Hasta qué punto nuestras creencias nos están limitando a la hora de decidir cómo queremos vivir? Creemos que la mayor cárcel es donde están los prisioneros y que todos los demás somos libres, pero realmente todos somos prisioneros de una u otra manera, al menos, hasta que aprendemos a liberarnos de nuestras creencias, rompemos las celdas de nuestra mente y comenzamos a elegir desde nuestra libertad de consciencia.

Todo es tan relativo y, como bien decimos en PNL, un 10 por ciento es lo que sucede y el 90 por ciento restante es la interpretación que hacemos de lo que sucede. Tus creencias van a determinar cómo estás interpretando lo que está aconteciendo en tu vida. ¿Qué estás eligiendo interpretar? ¿Qué resultados estás obteniendo a partir de tus creencias? Si no son los resultados deseados, la buena noticia es que puedes cambiar tus creencias ya que, así como te han programado, hoy te puedes volver a programar gracias a todos los nuevos aprendizajes que has ido experimentando y recogiendo.

> Una creencia no es una realidad, sino una hipótesis sobre algo o alguien.
>
> PRINCIPIO DE PNL

Muchas veces queremos que el otro cambie, pero realmente no estamos viendo al otro, sino nuestra percepción de él. Que el otro cambie o no, no está en tus manos, pero cambiar tu percepción de otra persona, sí, completamente. Increíblemente, cuando cambias tu percepción del otro, el otro cambia para ti.

¿Qué pasaría si vieras a esa persona, que supuestamente te ha hecho tanto daño, desde el amor, la comprensión y la compasión? Una vez, haciendo un ejercicio de Louise Hay sobre el perdón con los padres, preguntaba:

- ¿Qué sabes sobre la infancia de tu padre?
- ¿Qué sabes sobre la infancia de tu madre?
- Imagínalos de pequeños, con dos o cuatro años, sintiéndose solos y llorando, ¿quién viene a consolarlos?

Con ese ejercicio rompí en llanto, porque me di cuenta de que tampoco sabía cómo había sido la infancia de mis padres y que, posiblemente, ellos también tuvieron traumas y carencias, los cuales los han llevado a actuar de la manera en que lo hacen.

Un día, estaba conversando con Soledad, una de mis alumnas de Colombia, y me comenzó a hablar acerca de su infancia. Ella había tenido una mala relación con su padre y durante toda su vida lo había sentido muy distante, frío e indiferente. En los momentos más importantes para ella, como cuando fue a una competición internacional de salsa, su padre no había ido a apoyarla ni había mostrado ningún interés. Ella siempre intentaba llamar su atención, pero no lo conseguía. ¿Por qué su padre no era capaz de verla, valorarla, reconocerla y demostrarle su amor?

Me contó que su padre había perdido a su madre cuando tenía cuatro años y que le habían enviado a un internado junto a sus hermanos más pequeños. Pese a esto, ella no encontraba que fuera un motivo suficiente para que su padre fuera tan frío con ella. Tras años de búsqueda y terapia, Soledad llegó al taller *online* de Nutrición emocional. En el taller tenemos un ejercicio de PNL donde trabajamos la sanación del niño interior y los padres. Cuando ella hizo este ejercicio sintió el clic que necesitaba para cambiar por completo la relación con su padre. Se imaginó a su padre tomándole las manos y diciéndole: «No te puedo dar más porque no tengo más para darte. Te he dado todo lo que tengo».

Si tú me pides una manzana, por mucho que yo te la quiera dar, no podré dártela si no tengo manzanas. Muchas veces entramos en el mundo de los juicios y suposiciones sin detenernos a pensar en la historia del otro, regidos por nuestras creencias de cómo deberían ser las cosas. ¿Cuántas cosas hemos dejado de disfrutar en nuestra vida, por nuestras creencias? Comenzamos a vivir la vida como querían nuestros padres y, a su vez, ellos la vivían como querían nuestros abuelos, que lo hacían como nuestros bisabuelos decían, y así podríamos seguir con una larga lista, encontrándonos quizás con que estamos siguiendo un sistema de creencias de generaciones de cientos de años atrás, que ni siquiera conocemos. ¿La vida de quién estamos viviendo? Nuestras creencias las comenzamos a establecer principalmente en nuestra niñez y adolescencia, porque alguien nos dijo que así era y lo creímos y adoptamos sin siquiera cuestionarlo.

Las creencias son necesarias y es importante agradecer a todas las personas que nos han enseñado, ya que nos transmitieron lo que ellos sabían. No se trata ahora de rebelarnos y cuestionar todo lo aprendido, se trata de ser conscientes de que las creencias no son más que pensamientos tomados como verdades absolutas y que, desde el adulto que somos hoy, podemos observar nuestras creencias, cuestionarlas y sustituirlas por otras más potenciadoras, si así lo estimamos necesario. Tenemos ese derecho.

Expandiendo las fronteras de mi mente

Dentro de nuestros millones de creencias y patrones de conducta, me he dado cuenta de que la mayoría de las personas que conozco que tenemos o hemos tenido problemas de sobrepeso u obesidad, presentamos comportamientos comunes que me gustaría que revisáramos.

1. Poner límites

¿Te cuesta decir que no? Claro, cómo no te va a costar, si hemos aprendido que decir «sí» es de personas «buenas».

Las personas «buenas» siempre tienen que estar al servicio de los demás. Decir que no es de mala educación y una persona «buena» es educada. Y tenemos tanto miedo al rechazo y a convertirnos en personas «malas» que decimos que sí, aunque estemos cansados, aunque no tengamos ganas, aunque ese sí nos haga daño. Decimos que sí y nos volvemos a ver envueltos en situaciones que no queríamos, nos volvemos a sorprender en un lugar o con una persona cuando ya nos habíamos prometido a nosotros mismos «nunca más voy a hacer esto», «nunca más voy a venir a este lugar», «nunca más permitiré esto», pero como no podemos ser «malos», ahí estamos nuevamente, con una lucha interna, con nuestro cuerpo gritándonos que no queremos estar ahí, pero haciendo lo que corresponde, lo correcto para los demás.

Cuando comencé a estudiar PNL con Frank Pucelik, uno de sus cocreadores, él quería hacer una demostración de un ejercicio; yo me ofrecí de voluntaria y comenzamos a trabajar con mi niña interior. Fue un ejercicio muy emotivo, no podía parar de llorar y nunca pensé que uno de los temas que más me había condicionado era mi incapacidad de poner límites.

Frank en ese momento fue muy firme y me preguntó:

—¿Por qué dices que sí cuando realmente quieres decir que no?

A lo que yo respondí:

—Es que cómo voy a decir que no...

Su respuesta me dejó atónita:

—Hasta que no te sientas cómoda diciendo «no», tus «sí» son una mentira. Te has pasado la vida queriendo ser una persona buena, pero las personas buenas son aquellas que son sinceras, no las que mienten. Cada vez que estás diciendo una cosa cuando realmente sientes otra, no te hace buena, te hace falsa.

Él siguió hablando, pero para mí en ese momento el tiempo se detuvo. ¿Me había pasado toda la vida queriendo ser buena y realmente estaba siendo falsa?

Fue tan fuerte lo que sentí que desde ese momento comencé a entender que:

1. No quiero ser falsa.
2. Para ser buena con los demás, es importante comenzar a ser buena conmigo misma y con mis propias necesidades.
3. Tengo derecho a decir que no.
4. Todos tenemos derecho a decir que no, lo cual no es un motivo de enojo ni decepción.
5. A medida que aprenda a poner límites con los demás, también los iré poniendo con la comida, ya que si no soy capaz de decirle que no a alguien que quiero, ¿cómo le diré que no a un chocolate?
6. Poner límites es una de las mayores muestras de amor conmigo misma y con los demás.

2. Victimización

Muchos vivimos con la sensación de ser siempre víctimas, incluso cuando decimos que no nos gustan las personas que se hacen las víctimas. Qué paradójico.

¿Víctimas de quién?

- De la vida
- De nuestra familia
- De nuestra infancia
- De nuestra pareja
- De nuestros amigos
- De nuestros jefes
- De nuestros compañeros de trabajo
- Del gobierno
- Del país
- Del planeta

Y así podríamos seguir enumerando y dando un enorme poder a nuestras circunstancias externas, olvidándonos de lo más importante: nuestras circunstancias internas. Según expertos en el tema de la felicidad, el entorno repercute sólo un 10 por ciento en nuestra felicidad. Aunque no te haya tocado la mejor familia, la mejor pareja, el mejor cuerpo o el mejor país, según tus propias expectativas, realmente no somos víctimas de nada ni de nadie, ni siquiera de nosotros mismos. Eso sí, con esto tampoco quiero que cuando te sientas víctima de ti mismo, sientas culpa y te bloquees por ello.

Por supuesto, hay personas que han sido víctimas de hechos terribles, y, evidentemente, hay niños que han pasado por cosas horrorosas; yo no me refiero a que no existan injusticias y situaciones muy dolorosas, me refiero a que hoy, desde los adultos que somos, tenemos la capacidad de elegir cómo queremos vivir nuestro presente. Vivir la vida desde una posición de víctima puede ser cómodo, ya que ponemos todo el poder y la responsabilidad fuera, pero desde este lugar nunca te sentirás en calma y pleno contigo mismo. Es como si tu vida fuera un barco y en vez de ser tú el capitán, fueses dando el timón a personas distintas, ya sea tu madre, padre, pareja, hijos, jefes y los que vengan. Y no sólo esperas que lleven el mando de tu propio barco, sino que además, esperas que lleguen a buen puerto, y si no llegan donde tú querías, la culpa es de ellos.

Poner tu felicidad o infelicidad en manos de otros es un reflejo de estar completamente desconectados de nuestro propio poder interior. Además, no corresponde. Nadie te puede hacer sentir de ninguna manera, tú eres quien elige cómo sentirte, qué creer, qué pensar y qué hacer. Por ejemplo, ante un comentario de una persona, puedes elegir tomártelo con humor, rabia, pena, compasión o de la forma que te venga mejor en ese momento. El problema no es que esa persona te haya dicho algo, lo que la otra persona hace o dice no está en tus manos cambiarlo, la cosa es cómo tú estás interpretando lo que otra persona dice.

Por ejemplo, si tú te llamas María y yo te digo que te llamas Juana e insisto con que te llamas Juana, ¿cómo lo tomarías? Y ahora, si yo insisto que eres tonta y fea, ¿cómo lo tomarías? ¿Por qué si te cambio de nombre te lo tomas de una manera y si te digo que eres tonta y fea lo tomas de otra? Soy la misma persona diciendo algo, ¿cuál es la diferencia? Por un lado, tú sabes que te llamas María y no Juana y por otro, ¿acaso no sabes que tienes una inteligencia infinita y eres hermosa tal cual eres?

¿Realmente soy yo la que te está ofendiendo, o tú mismo, a través de tus creencias limitantes que te has repetido durante años? Y ahora cuando lo escuchas de mí dices que yo soy la mala, que yo te estoy hiriendo, que por mi culpa te sientes mal. ¿Pero soy yo o realmente eres tú el que cree eso de ti y el escucharlo desde fuera solamente te confirma tu propia creencia (la cual no es real)? Si tú nunca hubieses pensado que eres tonto y feo, por mucho que te lo hayan dicho, sabrías que no es verdad.

Además, «lo que dice Juan de Diego, habla más de Juan que de Diego». Digan lo que digan, no te lo tomes de forma personal: no es contigo, es con uno mismo.

Yo no hablo de lo que veo de ti, hablo de la idea que tengo sobre ti. Esa no es tu responsabilidad, es la mía y va a depender de mis creencias e interpretaciones la idea que cree de ti. Tu responsabilidad es creerlo o no. Sólo tú puedes elegir qué pensar y creer. Tú no tienes el poder de hacer feliz o infeliz a nadie, por ende, nadie tiene el poder de hacerte feliz o infeliz a ti. Si así lo creemos, vamos buscando parches en nuestra vida llamados pareja, hijos, trabajo, casa, ropa o comida, entre muchos otros. Parches que quizás por un tiempo nos darán la anhelada «felicidad» pero, con el paso del tiempo, volvemos a sentir ese vacío en nuestro interior, vacío que sólo puede ser llenado por uno mismo.

Una vez un profesor me dijo que uno de los mayores sufrimientos del ser humano era el día en que comprendíamos que cada uno es el único responsable de su felicidad. Y lo pude comprobar con mi propia experiencia, porque el día que me di cuenta de esto, entré en una crisis de meses durante la que lloré prácticamente a diario, al darme cuenta de que ya no podría culpar ni a mi padre, ni a mi madre, ni a mi familia, ni a mi pareja, ni a mis exparejas, ni a mis exjefes, ni a mis amigas, ni a mi país, ni a mi ciudad, ni siquiera podía culparme a mí misma porque lo había hecho lo mejor que había podido con la información que manejaba. Fue un año muy duro, pero a la vez muy liberador, ya que entendí que mi paz interior sólo depende de mí y que, independiente de lo que esté sucediendo a mi alrededor, yo puedo elegir cómo vivirlo. Y sí, incluso vivir el dolor, pero desde la tranquilidad y el equilibrio.

Y con esto no te quiero decir que ahora lo consiga a diario. ¡Ojalá! No es tarea fácil, pero lo que me ha ayudado mucho es procurar observar sin juicio y tenerme mucha, pero mucha paciencia. Observo mi mente, me doy cuenta de cuándo estoy volviendo a caer en el papel de víctima —a veces me toma días darme cuenta, otras veces horas—, me doy las gracias por haberme dado cuenta y me pregunto: «¿Qué necesito aprender de esta situación? ¿Para qué estoy viviendo esto? ¿Para qué atraje esta situación a mi vida?». Y así, una y otra vez. Y cuando pensamos que ya lo tenemos superado, muchas veces aparece una nueva situación y comenzamos de nuevo. No sé si dejarán de aparecer nuevas situaciones desafiantes en nuestras vidas, pero lo que sí sé es que si tenemos herramientas, como las que estamos aprendiendo en este libro, podremos detectarlas y superarlas con mayor facilidad. Además, al menos a mí me ayuda mucho creer que la vida jamás nos pondrá una prueba que no seamos capaces de superar.

Nadie puede sanar a otros, sólo podemos sanarnos a nosotros mismo. Cuando nos hacemos cargo de nuestra propia sanación y respetamos la sanación de los demás es cuando la magia del amor y la calma inundan nuestras vidas.

3. Ley de la atracción y diálogo interno

Considero fundamental para comprender mejor qué está pasando en nuestra vida conocer la ley de la atracción y cómo influye nuestro diálogo interno.

Una vez leí esta frase que me encantó: «Así como piensas, sientes. Así como sientes, vibras. Así como vibras, atraes». Para mí refleja muy bien lo que es la ley de la atracción. Las personas somos energía, nuestras células son un 99 por ciento energía y un 1 por ciento materia. La energía siempre está en movimiento, por lo tanto no «somos», sino que «estamos siendo». Esto es muy liberador, ya que no «eres» de una manera, más bien «estás siendo» dado que estás en movimiento, y eso te da la oportunidad de elegir cómo quieres ir siendo en cada momento. Ayer pude haber sido rencoroso, pero hoy elijo ser compasivo. Ayer pude haber sido mentiroso, pero hoy elijo ser sincero. ¿Te das cuenta la libertad que da el saber que al ser energía estamos en constante movimiento, cambio y posibilidad de elección?

Por otra parte, las energías se atraen, por lo tanto, no atraes a tu vida personas al azar, sino que atraes a aquellas que están vibrando en la misma frecuencia que tú.

Es imposible que al estar vibrando en la energía del amor atraigas malos tratos, ya que no son compatibles. El tipo de personas que están presentes en tu vida no son una casualidad, sino una consecuencia de quien estás siendo, de la energía que estás generando y, por consecuencia, atrayendo.

Quizás no te explicas cómo siendo tan buena persona y estando siempre a disposición de los demás puedes atraer personas nocivas a tu vida y es que no sólo depende de nuestras acciones, sino de un factor aún más poderoso que es nuestro diálogo interno. Nuestro diálogo interno es esa vocecita que tenemos todo el día en la cabeza. ¿Cómo es? ¿Qué te dice? ¿De qué forma te hablas a ti mismo? ¿Cómo es el tono? ¿Qué tipo de palabras utilizas?

Esto es como cuando queremos sintonizar una radio. Si la emisora que quieres está en la 100.9, por mucho que la busques en la 98.5, 99.3 o en la 105.7, no la vas a encontrar, pero si pones tu radio en la 100.9, la frecuencia te conectará con la emisora que querías. Con las personas pasa igual. Es muy importante que te conviertas en el tipo de persona que te gustaría atraer a tu vida para que así las atraigas.

En PNL han estudiado que el 90 por ciento de la comunicación en nuestra vida es con nosotros mismos. Por lo tanto, nuestro diálogo interno es uno de los factores principales que determinará nuestra vida. Háblate como si fueras tu mejor amigo. Mírate al espejo y cada mañana al despertar salúdate con cariño: «¡Buenos días! ¿Qué puedo hacer hoy por ti para que seas feliz?». ¿Te imaginas cómo sería despertar y saber que cuentas con tu apoyo? O imagínate que si durante el día te sientes mal, te acerques al espejo y te digas: «Tranquilo, amor. Aquí estoy para ayudarte, ¿qué puedo hacer por ti para que te sientas mejor?». Y regalarte unos minutos para escucharte.

No necesitas imaginarlo, porque puedes comenzar a hacerlo desde ya y comprobar en tu propia vida la diferencia. Aunque al principio no te sientas cómodo diciéndolo, comienza a repetirlo una y otra vez, con el paso de los días tu cerebro se acostumbrará y lo reconocerá como algo natural. Además, el practicar *mindfulness*, junto a todas las demás actividades que te he ido proponiendo durante el libro, te ayudarán a ir mejorando tu diálogo interno.

> La felicidad no depende de lo que tienes o de quién eres, sino únicamente de lo que piensas.
>
> Buda Gautama

Resumen

- No eres tus pensamientos ni tus emociones, eres el ser que genera todo esto y mucho más.
- Tus pensamientos y emociones son efímeros, tu esencia no lo es.
- Enfocar tu atención en el momento presente es la mejor manera de gestionar tus pensamientos y calmar tu mente.
- El amor es más fuerte que el miedo.
- El amor es el mejor antídoto ante nuestros pensamientos negativos.
- Sé paciente contigo. Lo que hemos aprendido durante años no es posible cambiarlo de la noche a la mañana.
- Podemos cambiar nuestras creencias, ya que no son parte de nuestra genética. Al ser aprendidas tenemos derecho a cuestionarlas y modificarlas si así lo consideramos.
- El 90 por ciento de la comunicación en tu vida es contigo mismo.
- Tu diálogo interno es el principal factor que determinará tu vida. Háblate como si fueras tu mejor amigo.
- Confía en ti. Tú puedes.

Actividades recomendadas

1. Técnica rápida para liberarte de pensamientos negativos

Cuando te observes con pensamientos poco acertados:

- Detente.
- Respira profundo y cierra los ojos.
- Imagina que los pensamientos se convierten en nubes y comienza a soplarlos, visualizando cómo se alejan de ti cada vez más...
- Cuando los veas muy lejos en el horizonte o incluso que ya han desaparecido, haz unas cinco respiraciones profundas.
- Abre los ojos.
- Regresa con tu atención a lo que está sucediendo en el momento presente.

2. Técnica para romper con tus creencias limitantes y generar creencias potenciadoras

A veces no nos resulta fácil detectar nuestras creencias limitantes y generar nuevas creencias potenciadoras, por lo que veremos primero con un ejemplo y luego te invito a tomarte todo el tiempo que necesites para responder a las preguntas.

a) ¿Qué piensas de ti? En parte, ¿cosas negativas? (Por ejemplo: soy tonto, soy incapaz, nunca podré, soy así y no puedo cambiar, a esta altura ya no aprenderé, soy feo, nadie me quiere, siempre estaré gordo...)
   Sí, creo que soy gordo, me siento feo, poco atractivo e inseguro.

b) Elige una de las frases que te dices continuamente, aquella frase que te limita y no te permite estar tranquilo. A esa frase la llamaremos tu creencia limitante.
Siempre me sale todo mal.

d) ¿En qué te está ayudando esta creencia?
En darme cuenta de que estoy mal, que no sirvo para hacer las cosas, que nunca soy suficiente.

e) ¿Qué cosas has ganado por esta creencia?
Sentirme culpable.

f) ¿Qué consecuencias ha traído esta creencia a tu vida?
Me da pena y ansiedad porque siento que nunca puedo hacer las cosas bien y así nadie me va a querer de verdad.

g) ¿Qué cosas has perdido por esta creencia?
Sentirme tranquilo conmigo mismo, disfrutar mi vida, tratarme bien.

h) ¿Qué sería lo peor que te podría pasar si no tuvieras esta creencia?
No lo sé, quizás me despreocuparía y las cosas me podrían salir peor.

i) ¿Qué sería lo mejor que te podría pasar si no tuvieras esta creencia?
Quizás al no estar presionándome todo el tiempo, estaría más tranquilo y podría hacer las cosas con calma, quizás incluso me saldrían mejor, lo pasaría mejor, estaría menos ansioso, comería menos y hasta bajaría de peso.

j) Entonces ¿de qué te sirve creer esto?

Me sirve para seguir culpándome y sintiéndome mal. Realmente no me sirve para mejorar mi vida.

k) ¿De quién depende terminar con esta creencia?

Solo de mí.

l) ¿Cuál es la intención positiva detrás de esa creencia limitante? ¿Y tiene alguna intención detrás de esa intención? Ve escalando la intención hasta lo más posible.

Quizás las ganas de superación, para sentirme a gusto conmigo mismo, así me siento tranquilo.

m) ¿Qué creencia te gustaría tener en su lugar que cubra esta intención positiva y, a la vez, te potencie?

Pensar que ya soy suficiente y que hago todo lo mejor que puedo creo que me ayudaría mucho.

n) ¿Cuáles serán los beneficios que esta nueva creencia potenciadora traerá a tu vida?

Vivir desde esa confianza, creo que me dará tranquilidad y seguridad en que haré lo máximo que pueda, sin la necesidad de recriminarme ni castigarme.

o) ¿Cómo te sientes con esta nueva creencia?

Como si me hubiese sacado un peso de encima, mucho más liviano y tranquilo.

p) Si pudieras mencionar tu nueva creencia en una palabra o frase, ¿cuál sería?

Soy suficiente y doy lo mejor de mí.

Ahora es tu turno de comenzar a trabajar de forma profunda con tus creencias. Tómate el tiempo necesario para responder las siguientes preguntas y hazlo con todas las creencias que desees.

a) ¿Qué piensas de ti? En parte, ¿cosas negativas? (por ejemplo: soy tonto, soy incapaz, nunca podré, soy así y no puedo cambiar, a esta altura ya no aprenderé, soy feo, nadie me quiere, siempre seré gordo...)

____

____

b) Elige una de las frases que te dices continuamente, aquella frase que te limita y no te permite estar tranquilo. A esa frase la llamaremos tu creencia limitante.

____

____

c) ¿En qué te está ayudando esta creencia?

____

____

d) ¿Qué cosas has ganado por esta creencia?

____

____

e) ¿Qué consecuencias ha traído esta creencia a tu vida?

____

____

f) ¿Qué cosas has perdido por esta creencia?

g) ¿Qué sería lo peor que te podría pasar si no tuvieras esta creencia?

h) ¿Qué sería lo mejor que te podría pasar si no tuvieras esta creencia?

i) Entonces ¿de qué te sirve creer esto?

j) ¿De quién depende terminar con esta creencia?

q) ¿Cuál es la intención positiva detrás de esa creencia limitante? ¿Y tiene alguna intención detrás de esa intención? Ve escalando la intención hasta lo más posible.

k) ¿Qué creencia te gustaría tener en su lugar que cubra esta intención positiva y, a la vez, te potencie?

l) ¿Cuáles serán los beneficios que esta nueva creencia potenciadora traerá a tu vida?

m) ¿Cómo te sientes con esta nueva creencia?

n) Si pudieras mencionar tu nueva creencia en una palabra o frase, ¿cuál sería?

¡Excelente trabajo! Después de responder a estas preguntas tendrás tu nueva creencia potenciadora. Te invito a que cojas esta nueva creencia y:

- La escribas en la mayor cantidad de lugares que puedas para recordarla (por ejemplo: teléfono, nota en tu escritorio, *post-it* en el espejo, nota en tu cartera, puerta de la nevera).
- La repitas la mayor cantidad de veces al día, durante al menos treinta días. Recuerda que, en promedio, es lo que tardamos en crear nuevas neuronas.

Puedes hacer este ejercicio con todas las creencias limitantes que tengas.

7

Gestionando mis emociones

> La vida no es una tecnología ni una ciencia. La vida es un arte, has de sentirla. Es como caminar por una cuerda floja... Para evitar el dolor, evita el placer. Para evitar la muerte, evita la vida.
>
> Osho

Estas últimas semanas, por cosas cotidianas de la vida, ¿has tenido que recordar cuántos países existen en Europa, cuál es la capital de Bután, cuánto es la raíz cuadrada de 44 o cuáles son los principales árboles caducos? Ahora bien, durante las últimas semanas, ¿has sentido pena, ansiedad, rabia, angustia, enojo, miedo, frustración o desilusión y no supiste cómo gestionarlo?

A lo largo de nuestra vida, sobre todo cuando somos estudiantes, nos han enseñado miles de cosas, por supuesto que muchas de ellas son útiles pero ¿alguna vez nos han enseñado qué son las emociones y cómo gestionarlas?

¿Qué sabemos de emociones? ¿Qué herramientas nos han enseñado? Y con esta respuesta, ¿cómo podemos sentirnos culpables de no saber qué hacer en muchas situaciones de nuestra vida? ¿O por sentirnos desbordados por una emoción y reaccionar de una forma que no queríamos? Sin ir más lejos, ¿cómo podemos sentirnos culpables de comer cuando sentimos ansiedad? ¡Si prácticamente a nadie le han enseñado cómo gestionar sus emociones!

¿Qué son las emociones?

Si nos detenemos a leer libros o estudios de fisiología, neurociencia, química o bioquímica, podremos ver que nuestras emociones son reacciones químicas que se originan principalmente en nuestro cerebro límbico y que liberan sustancias químicas que viajan por nuestro sistema nervioso a todo el cuerpo.

Si lees libros sobre psicología conductual, *mindfulness* o meditación podrás ver que los pensamientos anteceden a la emoción (puede ser por milésimas de segundos). Bajo estos conceptos, la emoción sería la representación física de un pensamiento, es decir, el pensamiento que surge en nuestra mente —que es algo abstracto que algunos científicos dicen que está dentro de nuestro cerebro en la zona del neocórtex, otros creen que está más ligado a nuestro corazón, otros a nuestro plexo solar e incluso otros han llegado a creer que está fuera de nosotros— se hace presente en nuestro cuerpo a través de señales químicas que producen diferentes sensaciones que llamamos emociones.

Emoción viene del latín *emovere* que significa mover o trasladar, por lo tanto, son señales de alerta que nos motivan a tomar acción. Es nuestro «todo» —espíritu, mente, emoción y cuerpo— preguntándonos qué está pasando en nuestra vida para que estemos sintiendo esto y qué pasa con esta situación. Muchas veces no miramos de frente nuestras emociones y no percibimos el mensaje que tienen para nosotros.

Joe Dispenza, un referente en neurociencia, demuestra cómo podemos llegar a convertirnos en adictos a ciertas emociones, ya que al ser sustancias químicas liberadas a la sangre, actúan como si fueran drogas. Por esto, es común que tengamos nuestras «emociones favoritas» a la hora de vivir distintas situaciones. Por ejemplo, hay personas que por todo se complican y se quejan y, sea lo que sea que esté sucediendo, lo vivirán desde la frustración, ya que son adictas a esta química; hay otras que, independiente de lo que suceda, se toman las cosas con tranquilidad; hay otras que viven todo desde el sufrimiento, miran la vida desde la vereda del dolor, siendo adictas a la tristeza; y hay otras que evaden lo que les sucede, para no conectar con emociones que no quieren y buscan estar en constante actividad para conectar con la alegría, deseando alcanzar incluso estados de euforia.

Con el paso del tiempo, cuando las situaciones cotidianas no nos están entregando la química necesaria para alimentar nuestra adicción, vamos buscando experiencias más y más intensas para conseguirla. ¿Conoces a alguien que, aparentemente, si no tiene problemas, se los inventa? Es un claro ejemplo de su adicción.

En tu caso:

- Cuando te sucede algo inesperado, ¿qué es lo primero que piensas?
- ¿A qué emociones te llevan esos pensamientos?
- ¿Cuáles son las emociones más comunes en tu vida?
- ¿A cuál de ellas crees que eres adicto?

No existen emociones buenas ni malas, todas tienen su motivo y vienen a decirnos algo, pero cuando comenzamos a volvernos adictos a ellas, las transformamos en estados y necesitamos un trabajo de mucha consciencia para salir de ahí.

Algunos ejemplos de estados producidos por emociones sostenidas en el tiempo son:

- La pena que se convierte en depresión.
- La rabia que se convierte en ira.
- La alegría que se convierte en euforia.

- El miedo que se convierte en angustia o ansiedad.
- La vergüenza que se convierte en baja autoestima.
- La sorpresa o incertidumbre que se convierte en angustia o ansiedad.

Las emociones nunca son el problema a resolver, sino más bien son mensajeros que te están diciendo que es necesario que mires hacia tu interior. Generalmente, pensamos que las emociones que consideramos positivas están bien y que sería ideal sentirlas todo el tiempo pero, nos guste o no, las emociones negativas también son parte de estar vivos y tienen un para qué. Más allá del hecho de sentir o no una emoción, la clave está en elegir qué haremos con ella.

Creo que a veces se nos olvida que todo pasa, tanto aquello que nos encanta como lo que no, y por eso en momentos que estamos sintiendo emociones que no nos gustan queremos arrancarlas, en vez de darles su espacio y mirarlas de frente.

Una de las emociones más comunes es el miedo. Esta emoción nos ha permitido sobrevivir como especie humana, ya que es lo primero que sentimos en estados de alerta y nos lleva a atacar o a huir, pero también es la emoción que, al no saber cómo gestionarla, más daño causa. La pena, rabia, enojo, tristeza, soledad o frustración, entre muchas otras emociones consideradas negativas, esconden nuestros miedos más profundos.

Como seres humanos sentimos miedo a no ser amados, aceptados, reconocidos, incluidos y valorados, y es por esto que muchas veces preferimos renunciar a nuestra propia tranquilidad y felicidad por adaptarnos a los demás y cumplir con lo que esperan de nosotros. Cuando hacemos esto, también surge el miedo de pensar que nuestra vida siempre será así, que realmente nunca lograremos ser felices y no tenemos más opciones, pero esto no es real. Estamos tan desconectados de nosotros mismos y nuestros anhelos más profundos que pensamos que no hay salida, pero siempre hay, sólo necesitamos coraje para caminar hacia ella. Todos tenemos ese coraje, aunque a veces lo olvidemos.

Cuando seguimos profundizando en nuestros temores como seres humanos, el nivel más profundo es el miedo a la muerte, olvidándonos de que es parte de la vida y, por el sólo hecho de pensar que nos podría suceder algo a nosotros o a nuestros seres queridos, entramos en estados de angustia, generando un gran estrés metabólico.

> Los pacientes que están al borde de la muerte dicen que han descubierto una increíble felicidad al comprender que no hay nada que temer, nada que perder. Es el miedo en sí lo que nos produce tanta desdicha en la vida, no las cosas que tenemos. El miedo usa muchos disfraces: ira, protección, autosuficiencia. Debemos convertir el miedo en sabiduría.
>
> ELISABETH KÜBLER-ROSS

Recordar continuamente que la vida es sinónimo de incertidumbre y que es una utopía pretender tener todo bajo control es una de las mejores formas de bajar nuestros niveles de miedo y con ello nuestra angustia y ansiedad, abriéndonos paso a la confianza.

Hay una frase que me repito a diario desde que la conocí y a mis alumnos les encanta, te invito a que comiences a repetirla varias veces seguidas, todos los días o al menos cuando te sientas sobrepasado, a ver qué pasa: «Tranquilo, nada está bajo control».

¡Y es que realmente nada está bajo control! Incluso cuando lo parece, es una ilusión, por eso aprender a vivir en la incertidumbre, soltar el control y confiar en la vida es uno de los principales secretos de la gestión emocional. Vivir desde el miedo y la necesidad de controlar se hace muy pesado, es como si cargáramos con una gran mochila a nuestra espalda. Esta mochila representa gran parte de nuestro peso emocional, el cual muchas veces necesita ser reflejado en nuestro peso corporal para poder trabajarlo. Confiar en la vida es uno de los tratamientos más quemagrasas que existe.

Emociones, ¿controlarlas o gestionarlas?

Creo que es importante diferenciar entre emociones e intuición: la intuición es esa señal interna que aparece y te indica por dónde seguir y, aunque no la entiendas, te pueda generar mucho dolor, no sepas cómo explicarla o te lleve aparentemente por el camino más difícil, en el fondo de ti sientes calma por lo que estás eligiendo, ya que tienes la sensación de estar haciendo lo mejor para ti.

> Todo es perfecto, aun cuando menos lo parece y sobre todo cuando menos lo parezca.
>
> ANÓNIMO

Cuanto mayor sea nuestra habilidad para calmar nuestros pensamientos y no dejarnos llevar a ciegas por nuestras emociones, más conectados estaremos con nuestra intuición. Si queremos modificar nuestras emociones y sentimientos, es fundamental comenzar desde la base, es decir, desde nuestros pensamientos. Por eso es tan importante ser conscientes de nuestra vocecita interna, de qué nos estamos diciendo, de la forma en que nos estamos tratando, del tipo de relación que estamos creando con nosotros mismos e ir poniendo en práctica día a día todos aquellos rituales de bienestar que nos irán permitiendo mejorar nuestro diálogo interno, que es una de las bases en nuestra vida.

Se dice que cuando se nos presenta una emoción, existen tres caminos:

- **Primer camino:** dejarnos arrastrar por ella.
- **Segundo camino:** ignorarla.
- **Tercer camino:** observar la emoción de forma neutral, sin juicios, críticas ni cuestionamientos de por qué la estamos sintiendo. Mirarla de frente y tomarnos el tiempo para entender su «para qué».

Hemos escuchado tantas veces que tenemos que controlar nuestras emociones, que incluso hemos normalizado frases como «¡Contrólate!», «¡Llorar es de débiles!» o «¡Aquí venimos a trabajar, así que deja tus emociones en casa!». Como si pudiéramos sacar nuestro «cerebro límbico» y dejarlo en casa con agua purificada para que no se deshidrate ni contamine, y frente a los demás ser una especie de robots que no sienten. Esto no es posible. Si todo el tiempo estamos tratando de controlar nuestras emociones nos convertiremos en una especie de olla a presión, donde intentamos aguantar lo máximo posible, pero en algún momento terminaremos explotando.

Cuando vivimos desde este control emocional, además de percibirlo en nuestro cuerpo, también lo podemos percibir en nuestro lenguaje. ¿Eres de los que utiliza constantemente oraciones con las palabras «tengo que», «debería», «no debería», «no puedo»? Muchas veces hablamos desde la obligación, ¿y a quién le gustan las obligaciones? ¿Cuando eras pequeño te gustaban las reglas de tu colegio, los profesores y las tareas? No, ¿verdad? ¿Qué te hace pensar que al adulto que eres hoy sí le gustan?

Te invito a leer el siguiente párrafo y observar qué pasa en tu interior:

> Tengo que levantarme a las siete de la mañana, me tengo que duchar, luego tengo que despertar a los niños; mientras se levantan tengo que preparar el desayuno, luego tengo que ir a dejarlos al colegio, luego me tengo que ir a la oficina, tengo que ir a unas reuniones y tengo que responder unos correos. A mediodía tengo una comida de trabajo y tengo que pedir comida saludable porque tengo que adelgazar. Por la tarde tengo que ir a buscar a los niños al colegio, después tengo que ir al supermercado, tengo que ordenar la casa, tengo que cocinar, tengo que ver que hagan las tareas, tengo que servirles la cena y tengo que acostarlos. ¡Qué día! Debería de haber hecho ejercicio, pero no me dio tiempo, mañana debería empezar a hacerlo porque debería bajar de peso.

¿Qué sensaciones sentiste? Y si te detienes un poco a pensar en tu día, ¿cuántas cosas las haces porque «tienes que» o «deberías» hacerlas y cuántas las haces porque «quieres»? Realmente, todo lo hacemos porque queremos, ya que también tendríamos la opción de no hacerlo. Bajo este razonamiento muchos de mis alumnos me dicen:

—¿Cómo que tengo la opción? Tener que llevar a mis hijos al colegio y tener que trabajar lo tengo que hacer sí o sí, no tengo otra opción.

Sé que mi respuesta puede ser un poco drástica, pero realmente sí tienes más opciones. Puedes no llevar a tus hijos al colegio, no trabajar y ser un indigente.

—¡Es que yo no quiero eso, Fran! —me responden mis alumnos.

—¡Me parece perfecto! —les digo yo—. Porque no quieres eso es precisamente por lo que estás haciendo lo que estás haciendo, pero es muy distinto vivir desde el «quiero», que desde el «tengo» o «debería».

El lenguaje tiene mucho más poder sobre nuestra vida, energía, pensamientos, emociones, acciones y resultados del que imaginamos.

Te voy a escribir el mismo párrafo, pero ahora reemplazando todos los «tengo» y «debería» por los «quiero» o por nada, ya que muchas veces no queremos hacer algo, pero lo haremos igualmente y simplemente podemos antecederlo con el verbo, sin la necesidad de clasificar la acción como algo deseado o no. Veamos qué sensaciones te surgen ahora:

> Quiero levantarme a las siete de la mañana, me voy a duchar, luego despertaré a los niños; mientras se levantan prepararé el desayuno, iré a dejarlos al colegio, me iré a la oficina, iré a unas reuniones y responderé unos correos. A mediodía iré a una comida de trabajo y pediré comida saludable porque quiero adelgazar. Por la tarde iré a buscar a los niños al colegio y después quiero ir al supermercado, ordenar la casa, cocinar, ver que hagan las tareas, cenar todos juntos y acostarlos. ¡Qué día! Me gustaría haber hecho ejercicio, pero no me dio tiempo, mañana quiero empezar a hacerlo porque quiero bajar de peso.

¿Qué diferencias notas? Aunque son las mismas actividades, cuando empezamos a hacerlas porque queremos y no como una obligación que se nos haya impuesto, todo comienza a cambiar, porque cuando somos adultos nadie nos puede imponer qué hacer, sólo nosotros mismos y, aunque a veces parezca que no tenemos más alternativas, siempre las hay. Cuando vivimos creyendo que somos víctimas de las situaciones, obligándonos a hacer las cosas, desarrollando nuestras actividades desde el «tengo que» o «debería», es bastante común sentirnos reprimidos, cuestionados, exigidos, incluso hasta prisioneros de nuestra rutina, lo que tarde o temprano explota.

Esta explosión se puede desarrollar de diferentes maneras; sólo por dar algunos ejemplos:

- Enfadándote con todos
- Enfermedades
- Estado profundo de depresión
- Actuar con violencia
- Adicciones
- Maltratos
- Comer de forma compulsiva

¿Y cómo no? La vida es equilibrio, pero cuando estamos viviendo cargados a un lado de la balanza, tarde o temprano nos iremos al otro extremo. Vivimos controlándonos y restringiéndonos durante mucho tiempo y nos llega a dar miedo permitirnos ciertas cosas, porque a veces tenemos la sensación de que si nos damos permiso para hacer algo «prohibido», perderemos el control y no podremos parar. Por ejemplo, nos prohibimos comer chocolate durante días, diciéndonos constantemente «no debes comer chocolate, no puedes, no insistas...» y, de repente, nos permitimos comer un trocito y, sin ni siquiera pensarlo ni darnos cuenta, nos comemos la tableta entera y nos sentimos culpables y enojados con nosotros mismos, diciéndonos cosas como «¡Ves como no eres capaz! Si no te dejo comer chocolate es porque no te controlas, no puedes comerte sólo un trocito, es todo o nada, ahora sí que perdiste, no te volveré a dar chocolate, al menos hasta que no seas capaz de controlarte». Y así buscamos vivir bajo el control, como si tuviéramos un militar dentro, como si quisiéramos contener el agua dentro de una habitación. Pero igual que, tarde o temprano, el agua comenzará a salir por algún lugar, lo mismo pasa con nuestros deseos y necesidades más profundas. Vivir desde el «todo o nada» es como si sólo existiera el blanco y el negro, realmente la vida es mucho más rica que eso.

Muchas veces rechazamos lo que no nos gusta de nosotros mismos creyendo que es algo malo, pero realmente no tenemos partes buenas ni malas, solamente historias que sanar. Lo mismo sucede con las emociones: no hay buenas ni malas, simplemente son mensajeros que nos alertan de algo. Frecuentemente, por miedo a encontrarnos con lo que no queremos, no somos capaces de mirarnos de frente, pero te prometo que eres más maravilloso y fuerte que cualquiera de tus miedos y nada de lo que piensas es tan grave como para castigarte por el solo hecho de pensarlo.

En las sesiones grupales con mis alumnos del taller *online* de Nutrición emocional hay algunos participantes que viven con una gran sensación de culpa, creyendo que lo que piensan o hacen es lo peor y merecen ser castigados. Por eso, consciente o inconscientemente, muchos siguen castigándose con la comida. Cuando me doy cuenta de esto, pido permiso a los alumnos para hacer preguntas a todo el grupo y les pido que vayan levantando la mano los que sí han pensado, sentido o hecho cosas como estas:

- ¿Alguno ha tenido la intención de comerse solo un trozo de chocolate y terminó comiéndose la tableta completa?
- ¿Alguno ha comido a escondidas?
- ¿Alguno ha sentido vergüenza de cómo come?
- ¿Alguno ha mentido?
- ¿Alguno se ha aprovechado de alguna situación?
- ¿Alguno le ha deseado mal a alguien?
- ¿Alguno ha sentido ganas de pegarle a alguien?

- ¿Alguno ha sentido ganas de que alguien muriera?
- ¿Alguno ha sentido, alguna vez, ganas de morir?
- ¿Alguno ha sentido ganas de engañar a su pareja?
- ¿Alguno se ha sentido atraído por la pareja de alguien cercano?
- ¿Alguno se ha comido un moco?

Con esta última pregunta todos nos echamos a reír, porque realmente vemos que los cientos de compañeros que están conectados desde todas partes del mundo han asentido a todas las preguntas, y nos vamos dando cuenta de que, por muy especiales que creemos ser, todos hemos vivido situaciones similares y hemos pensado y sentido lo mismo, y eso no quiere decir que seamos malas personas o que merezcamos ser castigados, quiere decir que somos humanos y que, así como somos capaces de hacer el bien, también somos capaces de hacernos daño. Porque, aunque creamos que el daño se lo hacemos al otro, siempre nos lo hacemos a nosotros mismos. Rechazar esa parte nuestra capaz de hacer daño es resistirnos a nosotros mismos y a nuestra historia; si una parte de nosotros es capaz de dañar es porque ha sido dañada y sigue estando herida, sólo la aceptación, el amor y la compasión la pueden sanar. Una persona que está sana emocionalmente no necesita dañar a nadie porque no necesita castigarse a ella misma.

La comida es sólo un área más, pero realmente si vivimos restringiéndonos y castigándonos continuamente por lo que comemos, estaremos haciendo lo mismo en otras áreas de la vida. A veces es necesario llegar al otro extremo para compensar la balanza y después encontrar el equilibrio. A veces sentimos miedo de permitirnos cumplir nuestros deseos y desbandarnos en el camino, pero es la misma necesidad de control y el vivir desde él lo que hace que nos sintamos así, es el reprimirnos constantemente lo que nos lleva a compensar la balanza con el descontrol. A veces es necesario perdernos para volvernos a encontrar, a veces es necesario el caos para encontrar el equilibrio, a veces nuestro ser no aguanta más tantas restricciones y necesita rebelarse, para luego comenzar una nueva vida desde la consciencia y el equilibrio, entendiendo que nunca o siempre es mucho tiempo.

«Nunca más vas a comer esto, siempre te amaré, nunca más volveré a sentir lo mismo, nunca más tendré una oportunidad como esta, perdí mi oportunidad para siempre...» Y así nos vamos limitando con nuestro propio lenguaje, haciéndonos creer que lo que estamos sintiendo o está sucediendo en ese momento será así eternamente. ¿Qué es siempre? ¿Qué es nunca? Este momento es siempre y nunca a la vez, este momento es la eternidad, ya que es lo único que existe, por lo que el próximo momento es una nueva eternidad. No te conviertas en prisionero del tiempo, permítete ser quien eliges ser en cada momento, permítete vivir en la eternidad del momento presente.

Y no quiere decir que tengamos que gritar a los cuatro vientos todo lo que sentimos o, como he leído por ahí, que las emociones sean nuestra brújula y hagamos lo que nos dicen. ¿Te imaginas? En este momento sentimos rabia y hacemos todo desde la rabia. En una hora más sentimos pena y todo se convierte en pena. Una hora después sentimos alegría y ahora todo es alegría. No, no va de eso. El secreto para comenzar a gestionar nuestras emociones es elegir el **tercer camino** y así observar la emoción de forma neutral y regalarnos la posibilidad de descubrir su para qué. Entender que tú no eres algo efímero, como una emoción o un pensamiento, sino que eres el ser que genera todo esto.

Las emociones son tu brújula en cuanto a la información que tienen para ti, por eso es importante aprender a gestionarlas. Se trata de parar y observar de frente cada emoción, entendiendo que está ahí para algo, no simplemente por molestar y, si somos capaces de descifrar qué información traen para nosotros, podemos elegir cuándo tomar acción.

Elegir cuándo tomar acción es fundamental; no quiere decir que vamos a reprimir lo que estemos sintiendo, quiere decir que nosotros vamos a elegir qué hacer con esa emoción, si darle rienda suelta o seguir observándola a ver qué sucede, y no que sea la emoción la que elija qué hacer con nosotros. Si tienes ganas de llorar y vas conduciendo, quizás es mejor esperar a llegar a casa y llorar; si recibiste una excelente noticia en medio de un funeral, quizás no es el lugar más apropiado para ponerte a saltar de felicidad o si te enojaste con tu pareja durante una boda, quizás el mejor lugar para decirle las cosas no sea en la ceremonia.

Tampoco quiere decir que siempre vayas a conseguir gestionar tus emociones, sólo quiere decir que no eres una veleta ni tus emociones el viento.

Como bien nos explicó Frank Pucelik, uno de los cocreadores de la PNL, si eres un robot a la hora de sentir emociones «negativas» también serás un robot a la hora de sentir emociones «positivas». Cuando actuamos como robots hemos olvidado uno de los tesoros más grandes del ser humano: la libertad.

La neurociencia ha observado que cuando tenemos activado el cerebro límbico baja la actividad del neocórtex y viceversa, es decir, cuando estamos pensando mucho, sentimos poco y cuando estamos sintiendo mucho, pensamos poco. En resumen, o pensamos o sentimos.

Muchas veces cuando nos dejamos llevar por las emociones sin pensar, luego nos arrepentimos y nos decimos cosas como: «Si lo hubiese pensado mejor, no hubiese hecho esto», «No sé cómo pude ser capaz de haberle dicho esto», «Ojalá pudiera volver atrás en el tiempo», «Nunca más haré algo así». Pero luego nos vemos nuevamente envueltos en el torbellino de las emociones y caemos en la trampa. A eso se le llama estar en medio de un secuestro emocional.

¿Qué hacer ante un secuestro emocional?

Químicamente el efecto de una emoción dura noventa segundos. Ahora bien, si en esos noventa segundos seguimos pensando en lo mismo y alimentando nuestra emoción, nuestro cerebro continúa liberando más sustancias químicas que se siguen transmitiendo por nuestro sistema nervioso a todo nuestro cuerpo, con lo cual esos noventa segundos se convierten en minutos, horas e incluso días, generando lo que en PNL llamamos «estado». Si nos dejamos llevar por «emociones negativas» generamos un estado de bajos recursos, en el cual actuamos sin pensar y hasta podemos llegar a creer que no existe salida. Al dejarnos llevar por «emociones positivas» también podemos entrar en estados de euforia y buscar todo lo que sea necesario para seguir sintiéndonos en éxtasis.

¿Qué podemos hacer para que el efecto de la emoción dure noventa segundos y luego tomarnos el tiempo para gestionarla?

Algunas ideas:

- Hacer quince respiraciones profundas, centrándote en cómo el aire entra y sale de tu cuerpo a través de tu nariz (si es una emoción muy fuerte, puedes espirar por la boca).
- Contar de forma concentrada hasta cien, ya sea en voz alta o baja, y si vienen pensamientos a tu mente, simplemente agradécete por haberte dado cuenta y vuelve a concentrarte en seguir contando.

- Cambiar tu fisiología, entendida en este contexto como nuestra posición corporal, ya que de ello también dependen nuestros pensamientos y emociones.

Hagamos un ejemplo de cambio de fisiología:

1. Mira hacia el suelo, pon tus hombros hacia delante y hacia abajo, tu cabeza también hacia abajo y comienza a decirte cosas buenas que crees de ti.
2. Ahora, pon tus hombros hacia atrás, tu cabeza alta, tu mentón erguido y tu mirada al frente, y continúa repitiéndote lo bueno que piensas de ti.

¿En qué posición se te hizo más fácil decirte cosas positivas? La gran mayoría de las personas dirán que con la segunda posición. Es muy poco probable que una posición de apertura, firmeza, confianza y liderazgo venga acompañada de pensamientos y emociones negativas, a diferencia de una posición cabizbaja, con los hombros hacia abajo y mirando el suelo. Es impresionante el poder que tiene la fisiología en nuestro estado. Ahora bien, toda fisiología va acompañada de un tipo de respiración con lo cual, una vez más, llegamos a la base.

Una de las herramientas más poderosas de PNL es la cadena de la excelencia, la cual refleja que todo comienza desde nuestra respiración:

Te puede parecer absurdamente sencillo, ya que por lo general esperamos teorías muy complejas o recetas mágicas para gestionar nuestras emociones, pero ¿para qué complicarnos? Comencemos de la forma más sencilla, simplemente respirando de manera calmada, y observemos qué va sucediendo. La vida es más simple de lo que parece.

Vacío emocional

¿Has escuchado alguna vez el término «vacío emocional»? Personalmente entiendo este término como la causa que nos genera el «hambre emocional» o «hambre del corazón», es decir, esa sensación de vacío en nuestro interior que llenamos con comida y que, como no es la forma apropiada de llenarla, aparece una y otra vez.

Creo que los vacíos se pueden producir de varias maneras a lo largo de nuestra vida, alguna de las más comunes son:

1. *Cuando nos sucede algo que no esperábamos*

Por ejemplo, cuando perdemos a un ser querido, nuestros padres se separan y perdemos nuestra «familia» o perdemos el trabajo, es decir, esa sensación asociada a la pérdida y que muchas veces nos afecta de forma profunda, ya que vivimos con muchos apegos y miedos de soltar lo que realmente no nos pertenece. Nada ni nadie nos pertenece, por lo tanto, no podemos perder nada, porque no es nuestro.

Entramos en la desesperación del momento y en preguntarnos una y otra vez «¿por qué a mí?». ¿Y por qué no? En lugar de confiar, se nos olvida que todo lo que sucede tiene un para qué y un fin superior, que es perfecto tal como es, que es lo necesario para nuestro crecimiento y, desde un punto de vista aún más profundo, que es lo que nuestra alma ha elegido para aprender en esta vida. Aunque en el momento no lo entendamos, las respuestas llegarán en el momento oportuno (si es que es necesario que lleguen), ya que lo que está sucediendo en este momento es sólo una página del libro de nuestra vida, no es el libro completo ni el fin de la historia.

2. *Cuando alguien hace algo que no esperábamos*

Y peor aún, cuando esta persona es nuestra madre, padre, familiar cercano o pareja.

Una vez estuve en una conferencia de Federico Lanzaco Salafranca, un filósofo español, profesor en distintas universidades de Japón y España y autor de varios libros, que además pasó veintidós años siendo misionero jesuita en Japón y posteriormente estudiando distintas religiones. Él comentó que, según el budismo, la primera causa del sufrimiento humano son las expectativas. Muchas veces no sufrimos por lo que hizo la otra persona, sino más bien porque no actuó como nos hubiese gustado que lo hiciera. ¿Gustado a quién? ¿Según quién? ¿Bajo qué estándar? E incluso muchas veces decimos: «Es que yo jamás lo hubiese hecho así». Claro, tú no, pero otra persona, sí, porque es otra persona.

Debido a que muchas de las personas que nos rodean no cumplen nuestras expectativas de la persona ideal, perdemos la posibilidad de disfrutar la vida con la persona real. Esto también nos sucede con nosotros mismos. En lugar de valorar quiénes somos, darnos apoyo, cuidarnos, querernos, respetarnos y disfrutarnos, lo que hacemos es: como no tenemos el peso ideal, nos tratamos mal; como no somos capaces de gestionar nuestras emociones, nos castigamos; como no tenemos pareja, nos cuestionamos... ¡Basta ya, es suficiente!

Todos estos juicios nos llevan a sentirnos cada vez más tristes, angustiados y solos, sensaciones que muchas veces intentamos acallar con distintos parches como comida, drogas, relaciones o compras. Esto jamás nos va a solucionar nada; por muchos parches que busques, la herida sigue estando ahí y es tu consciencia, amor propio y autovaloración lo que te llevará a cuidarte y a sanar.

Seguro que no te gustaría que alguien muy importante en tu vida te dijera algo como: «Cuando tengas una casa en la mejor zona de la ciudad y el coche más lujoso del mercado, entonces, ese día te voy a respetar y tratar bien. Hasta entonces, te voy a hablar de forma muy maltratadora, te haré sentir mal todas las veces que pueda, te voy a humillar y abusaré de ti de distintas formas». Qué «amor» más condicionado sería, ¿verdad? ¿Realmente te interesaría ese tipo de amor en tu vida?

¿Cuál es la diferencia entre eso y pensar que cuando adelgaces y puedas usar una talla S te vas a tratar bien, querer y respetar? ¿Acaso el hablarte mal prácticamente a diario, decirte que eres feo, gordo, que así nadie te va a querer, comprarte comida que sabes que te hace daño, fumar, abusar del alcohol, comprarte ropa más pequeña o tomar productos «milagro», que ya ni siquiera te preocupa qué contienen, con tal de adelgazar, no son formas de abusar de ti mismo? Claramente, sí lo son.

No nos gusta que nos condicionen al amor pero, sin darnos cuenta, es lo que estamos haciendo con nosotros mismos. Me parece fantástico que actualmente el abuso de parte de los demás esté siendo cada vez más castigado, ¿pero qué pasa con el autoabuso? Creo que esa es la base del abuso: si soy capaz de abusar de otra persona, de la forma que sea es porque primero he sido capaz de abusar de mí. Por el contrario, si aprendo a quererme, respetarme y cuidarme tal cual soy, es muy poco probable que abuse de los demás.

El odio a nosotros mismos es la emoción que más estrés nos genera y que más daña nuestra salud tanto física como emocionalmente. Dicho con otras palabras, es la emoción que más engorda. El cuerpo es muy sabio y no responde a estímulos negativos. Es como si tuviéramos un metabolismo emocional y estas emociones lo activaran negativamente, generando más estrés.

Todas aquellas emociones que surgen desde el rechazo, la obligación, la sensación de insuficiencia, la insatisfacción, el rencor, la violencia y todo aquello que nos genera daño nos generan estrés, con lo cual nuestro cuerpo estará en estado de supervivencia, obstaculizando la disminución de peso y el gozar de una buena salud.

> Si no hubieras sufrido como has sufrido, no tendrías profundidad como ser humano, ni humildad, ni compasión, ni estarías leyendo esto. El sufrimiento abre el caparazón del ego, pero llega un momento en que ya ha cumplido su propósito. El sufrimiento es necesario hasta que te das cuenta que es innecesario.
>
> ECKHART TOLLE

Y esto no quiere decir que si tengo veinte kilos de más no necesite bajarlos, claro que sí. Y si realmente quieres y respetas tu cuerpo lo vas a querer hacer, pero desde el amor y no desde el rechazo. Además, cuando comenzamos a amarnos a nosotros mismos, nuestro cuerpo deja de luchar y se relaja, disminuyendo el estrés y activando el sistema nervioso parasimpático, activando así también nuestra digestión, favoreciendo una correcta absorción de nutrientes y el desarrollo de masa muscular. Amarte a ti mismo es el mejor alimento para realizar mejoras en todos los niveles de tu vida, incluido tu peso.

Los pensamientos y emociones negativas afectan a nuestro peso y metabolismo mucho más de lo que imaginamos, es por esto que aprender a observarlos y gestionarlos es una de las bases para el autocuidado físico, mental, emocional y espiritual.

¿Por qué esperar a conseguir lo que deseamos para querernos y disfrutar de nuestra vida? Si hoy caemos en ese juego, cuando hayamos bajado los veinte kilos que anhelamos, aparecerá algo nuevo que nos perturbe, por ejemplo, que nuestro abdomen quedó flácido. En ese momento, será la nueva excusa que no nos permite estar a gusto con nosotros mismos y con nuestra vida. Después de endurecer nuestro abdomen, aparecerá una nueva excusa, y así sucesivamente, convirtiendo la idea de sentirnos plenos en una condicionante que nunca llegará, porque estamos condicionando nuestro amor propio a un cambio externo y no estamos siendo conscientes de que realmente esta supuesta necesidad esconde la sensación de no sentirnos suficiente, lo cual no depende del exterior, sino de la consciencia que tenemos de nosotros mismos y, por muchos cambios que hagamos, nunca llenaremos ese vacío. Cuando no te sientes suficiente es porque no estás valorando una parte de ti que ya tienes y crees que necesitas encontrarla fuera, pero no está ahí.

¿Por qué esperar que suceda algo para sentirnos plenos con nuestra vida? ¿Por qué condicionar nuestro amor a un cambio? ¿Y si nuestra vida fuese más corta que la llegada de ese «algo»? Y es que realmente no sabemos cuánto tiempo estaremos en esta vida, pero lo que sí sabemos es que hoy la vida se ha acordado de despertarnos, motivo más que suficiente para estar agradecidos, independientemente de cuáles sean las circunstancias externas.

No somos nuestros pensamientos, ni nuestras emociones, ni la idea que tenemos de nuestro cuerpo. Somos el ser desde donde surge todo esto, es decir, no somos el producto, sino el generador del producto. No somos un resultado, sino el ser capaz de generar estos resultados.

Cuando nos dejamos arrastrar por nuestros pensamientos y emociones pasamos a ser víctimas de ellos, no haciéndonos responsables de nuestras acciones y justificando nuestros comportamientos por lo que está sucediendo fuera. Parte de crecer es comenzar a hacernos responsables. Cuanto más conectados estemos con nosotros mismos, sin forzar nada y de manera natural, más responsables seremos.

Hay distintas maneras de volver a conectar con nuestro ser, la más sencilla es observar y darnos cuenta de cómo estamos reaccionando: si lo hacemos de forma reactiva, es decir, automática, a base de sorpresa, enfado, insatisfacción e incomprensión, y dejándonos arrastrar por todas estas sensaciones, o bien, si lo hacemos desde el lado del generador, observando nuestros pensamientos, emociones y acciones, como si fuéramos un espectador viendo una película.

Cuando observamos desde el generador, podemos comenzar a gestionar nuestros pensamientos y emociones y elegir dónde queremos ir. Esto no quiere decir que siempre vayamos a elegir reaccionar de forma amorosa, también podemos elegir reaccionar desde el enfado pero, sea cual sea la forma que escojamos, nuestra reacción es muy diferente cuando es elegida a cuando es arrastrada de forma automática. Nuestra capacidad de observación es la clave para la gestión de nuestros pensamientos y emociones y, por consecuencia, de nuestras acciones y resultados.

Al principio nos pasará que, aunque observemos lo que sucede, reaccionemos y sobrerreaccionemos una y cientos de veces de formas que no queríamos, si seguimos practicando poco a poco, la observación nos permitirá elegir de forma consciente cómo reaccionar. Puedes comenzar a practicar con situaciones que no sean tan importantes para ti y, a medida que vayas consiguiendo observar y elegir cómo reaccionar, seguir practicando con situaciones que te supongan mayor desafío. Por ejemplo, en caso que tu trabajo lo lleves bien y tu mayor desafío sea con la comida, puedes comenzar observando cómo reaccionas con algún compañero de trabajo cuando te plantea una idea distinta a la tuya, después qué sientes cuando tu jefe te llama la atención y, por último, tus pensamientos y emociones a la hora de comer. Así, poco a poco irás ganando más confianza en que sí eres capaz de hacerlo.

Simplemente, observa de frente lo que estás pensando y sintiendo, incluso aquello que no te gusta, porque va a pasar. Todo pasa, pero tu ser no. Busca cómo estar en mayor conexión contigo mismo, porque cuanto más trabajes en encontrarte en calma, más irás restando poder a tu ego, recuperando tu poder interior y llenando tus vacíos de la única forma que pueden ser llenados, contigo mismo.

> La oscuridad es ausencia de luz. El ego es ausencia de consciencia.
>
> OSHO

Resumen

- Las emociones son señales químicas que recorren nuestro cuerpo, a las cuales podemos volvernos adictos.
- No existen emociones positivas o negativas, son simplemente mensajeros que nos están invitando a tomar acción.
- El amor, el autoconocimiento y la observación sin juicio, son los principales medios para sanarnos.
- Somos mucho más de lo que imaginamos. Somos un todo. Ya estamos completos.

- En tus manos tienes el poder de elegir la vida que quieres vivir.
- Confía en ti. Tú puedes.

Actividades recomendadas

1. Te invito a leer y reflexionar sobre el siguiente cuento

Cuenta una leyenda que hace muchos años, un rey de un poderoso reino convocó a sus consejeros y les dijo:

—He encargado a mis joyeros un precioso anillo en el que deseo grabar una frase que me ayude e inspire en momentos desesperados. Una frase que me ayude a tomar decisiones. Una frase que me ayude cuando me sienta perdido. Una frase que me ayude a ser un rey más justo, sabio y compasivo.

Sus asesores y consejeros, los sabios más cultos del reino, se dispusieron a escribir las frases más extraordinarias. Pero el rey las rechazaba. No le llegaban. No eran suficientes.

Como suele ocurrir en las leyendas, apareció, de no se sabe dónde, un anciano, humilde, pero que de algún modo transmitía seguridad y sabiduría. Le dijo:

—Majestad, ha llegado a mis oídos que busca la frase que le sirva en las situaciones complicadas de la vida.

—Efectivamente —contestó el rey—, ¿crees que puedes ayudarme?

—Tengo la frase en este papel.

El rey, raudo e impulsivo, se dispuso abrirlo, pero el anciano le dijo que no podía leerla hasta que estuviera en una situación desesperada. Sin saber muy bien por qué, pero sintiendo la certeza de que debía seguir el consejo del anciano, guardó el papel y le ofreció al anciano ser su acompañante.

Unas semanas más tarde, el rey se vio metido en una gran emboscada. ¡Estaba desesperado! Huía con su corte por el bosque, tratando de escapar de quienes le perseguían, pararon en un claro, miró al anciano, que a su vez le miraba tranquilo y confiado, y recordó el papel. Lo sacó y lo leyó.

Decía: «Esto también pasará».

El desconcierto que sintió en un primer instante, poco a poco se transformó en calma y confianza. ¡Efectivamente! ¡Esto también pasará! El rey estaba entusiasmado. Casi de manera automática respiró profundamente, aliviado.

—¡Gracias! ¡Gracias! —le repetía una y otra vez al anciano—. Ésta es la clave. Por fin!

A lo que el anciano sonriendo, lleno de amor y compasión, respondió:

—Disfruta lo que estás sintiendo en este momento, porque ya sean emociones que te gusten, o no, pasarán.

ANÓNIMO

2. *Ve la película* El cambio *de Wayne Dyer*

8

Viviendo en plenitud

Cuando preguntes el por qué
Comienza por pensar en ti
Cuando te olvides otra vez
Empieza por quererte a ti

Porque la vida tuya es
Y siempre tienes que luchar
Y a veces tienes que perder
Para luego poder ganar
Para sentir, para vivir
Para soñar, amigo
¡Te quiero! ¡Te quiero!...
No dejes de soñar, amigo...

Extracto de la canción
No dejes de soñar,
de MANUEL CARRASCO.

Se dice que el despertar puede ser uno de los momentos más duros de nuestra vida, ¿y cómo no?, si la mayoría del tiempo creemos que los demás tienen la culpa de nuestra infelicidad: nuestros padres, parejas, amigos o incluso las circunstancias; pero, de repente, te das cuenta de que nadie tiene la culpa de nada, ni siquiera tú, y que la única persona que tiene en sus manos la posibilidad de estar bien, independiente de lo que pase fuera, eres tú, y ésta es la forma de comenzar a vivir en plenitud. Independientemente de tus circunstancias y de tu entorno, la plenitud real y permanente está en ti.

Me acuerdo una vez que escuché una historia de una señora que tenía cáncer terminal y todos sus vecinos le preguntaban cómo estaba y ella siempre respondía: «¡Genial!». Todos se sorprendían porque no entendían su respuesta, hasta que un día una de las vecinas no aguantó más la curiosidad y le preguntó:

—Vecina, ¿cómo puede responder que está genial si todos sabemos que tiene un cáncer terminal?

—¡Porque ustedes me preguntan cómo estoy yo! —le dijo—. No me han preguntado cómo está el cáncer.

Al vivir diariamente en gratitud, desde el amor, la compasión y la paciencia, confiando en ti y en la vida, te irás acercando cada vez más a la plenitud de corazón y desde ahí serás cada vez más consciente de que tu cuerpo no merece más excesos ni más daños. Te mereces respeto y tu cuerpo es perfecto tal como es: es tu templo, es quien te permite moverte en este mundo, es uno de tus mayores regalos. Cuando comienzas a sentirlo así, bajar de peso es algo que sucede de forma inevitable, porque ya no necesitas esa grasa para protegerte ni para castigarte. Independiente de lo que pueda pasar fuera, tú estarás a salvo porque estarás en tu centro, contigo, en ti.

La energía que nos mueve a hacer cambios puede ser muy diferente. Si miramos desde fuera a una persona que se está moviendo desde un punto A a un punto B, no notaremos su energía interna, simplemente veremos el movimiento externo. Pero si somos nosotros quienes nos estamos moviendo desde A hacia B es muy distinto que lo estemos haciendo porque queramos huir de las emociones que nos genera estar en A, a que estemos eligiendo, desde la calma, movernos hacia B. Por mucho que quieras escapar de las emociones que estás sintiendo en A, si no eres capaz de mirarlas de frente y aprender de ellas, tarde o temprano te seguirán a B. Cuando intentamos huir, por muchos cambios que hagamos, realmente no lo conseguiremos, ya que nunca podremos huir de nosotros mismos.

Muchas veces creemos que no encontramos calma por

culpa de la situación que estamos viviendo pero éste es otro juego de nuestra mente. Más allá de «qué» está pasando, es «cómo» lo estamos viviendo lo que marcará la diferencia. Sea cual sea el camino que elijas, si te está costando esfuerzo, sufrimiento, miedos o incomodidades, es que ese no es el camino, y terminarás abandonándolo o bien abandonándote a ti mismo en el intento. El sacrificio no es un buen medio para hacer los cambios.

Creo que existen numerosas formas de sentirnos plenos y, según la época de la vida en la que estemos, preferiremos unas u otras. Por ejemplo, meditando, orando, practicando algún *hobby*, tocando algún instrumento musical, escribiendo, pintando, haciendo actividad física, caminando por la naturaleza, viajando, ayudando a otros, entre muchas otras formas. Más allá de las formas que escojamos, a medida que estemos profundamente conectados con nuestro interior y seamos fieles a nosotros mismos en el hecho de elegir todo aquello que nos dé calma (desde qué vamos a comer hasta qué vamos a decir), podremos experimentar cada vez más a menudo la plenitud de corazón.

Todos hemos sentido plenitud de corazón. ¿Puedes recordar algún momento cuando te sentiste realmente completo? ¿Quizás algún momento cuando tuviste la sensación de que estabas donde querías estar y que no podría existir mejor lugar para ti en ese preciso instante? ¿O quizás cuando tomaste una decisión que, pese a que no fue fácil, sentiste cómo se liberó una energía dentro de ti experimentando completa libertad? Personalmente, creo que todos esos momentos son parte de la plenitud de corazón.

A medida que recordamos nuestra propia historia, podemos ver que en muchas ocasiones nos hemos sentido así, con lo cual, sí sabemos cómo hacerlo. ¿Qué pasaría si nos regaláramos el crear más a menudo momentos como esos? Por todo lo que he leído, creo que los grandes sabios coinciden en que si aprendemos a valorar el momento presente desde el amor, la aceptación y la confianza, viviremos constantemente con esa plenitud de espíritu.

Un día, no recuerdo bien dónde, leí una teoría que decía: «Cuando nacemos hemos "olvidado lo que somos" (consciencia, presencia, calma, amor) y nuestra vida es el camino para volver a recordarlo».

Mientras estamos en el camino de volver a nuestra esencia, creo que existen algunos puntos de vista que nos pueden ayudar a transitarlo de mejor manera, y me gustaría compartirlos contigo a continuación.

> Todos los hombres quieren vivir felizmente. Aspiramos a ser felices y para ello intentamos descubrir qué es, sin embargo, cada persona posee una respuesta, una definición de felicidad diferente.
>
> SÉNECA

¿Casualidad o causalidad?

Quiero compartir contigo una historia real.

Hace cientos de años, en Ayutthaya, una de las antiguas capitales de Tailandia, tenían en el centro de la ciudad un Buda de oro. Todos los habitantes del pueblo lo adoraban, le hacían ofrendas, lo cuidaban y lo visitaban a diario. Lamentablemente, eran años de muchos conflictos con otros pueblos y muchas veces se quemaban aldeas completas, saqueaban poblaciones enteras y destruían las casas. Por este motivo, los habitantes de Ayutthaya estaban preocupados, porque sentían que ese Buda de oro era su mayor riqueza y no querían que lo destruyeran. Entonces, decidieron taparlo de lodo para poder protegerlo y que así, si en algún momento llegaban los invasores, no se dieran cuenta de su presencia.

Un día, fueron atacados por unos invasores muy poderosos. Todos los habitantes del pueblo fueron asesinados, por lo que nadie supo nunca que, bajo todo el barro, existía el Buda de oro. Pasaron más de doscientos años y el Buda seguía estando en la mitad del pueblo, aunque muchos no se explicaban cómo esta estatua hecha de lodo ocupaba ese lugar tan especial.

En 1930 lo sacaron del centro del pueblo y lo llevaron a un templo abandonado en Bangkok. En 1955 querían destruir el templo y decidieron trasladar al Buda a otro lugar, pero durante el traslado la estatua se cayó. Los trabajadores no sabían qué hacer, pues ya era tarde y comenzaba a llover. Decidieron irse a sus casas y buscar una solución al día siguiente. La tormenta que se desencadenó esa noche fue tan grande, que todo el barro que cubría al Buda comenzó a romperse. Al día siguiente cuando los trabajadores volvieron para buscarlo, no podían creer lo que veían sus ojos.

Este Buda resultó ser la mayor estatua de oro macizo de todo el mundo, y actualmente se encuentra en el templo Wat Traimit, en Bangkok.

¿Con cuánto lodo te has ido tapando en tu vida? ¿Cuántas de tus creencias han ocultado tu verdadero brillo? ¿Cuántas veces has creído más en tus miedos que en tu luz? ¿Cuántas veces te has olvidado de que tú también eres oro puro?

Ya eres oro, ya lo eres; es tu esencia, ya está en ti.

En tus manos está elegir quitarte todo ese barro de encima que sólo oculta lo que realmente eres. Eso es lo que hemos estado haciendo durante todo este libro y esto es lo que te invito a seguir haciendo de aquí en adelante. Y si tienes que llorar, llora, porque tus lágrimas son como la lluvia que ayudó a ablandar el lodo que cubría al Buda de oro.

Nada en nuestra vida es casual, todo lo que sucede es por algo y para un fin superior. No existen las casualidades, por eso es tan importante confiar en todo aquello que se nos vaya presentando, aunque en el momento no le encontremos explicación ni sentido, porque sí lo tiene. Habrá muchas cosas de nuestra vida que iremos entendiendo al momento, otras que nos llevarán más tiempo, y otras que quizás jamás entenderemos. Y es perfecto así, no es necesario entenderlo todo y lo que sea necesario entender, tarde o temprano, lo haremos.

Cada vez que te haces una pregunta, la respuesta ya existe para ti, no inviertas tu energía en dudar si encontrarás esa respuesta o no, inviértela en trabajar en tu estado. Cuando estamos en el estado adecuado somos capaces de ver, escuchar y/o sentir las respuestas.

El haber llegado hasta aquí, habiendo puesto en práctica todas las herramientas del libro y sintiendo que te has superado, no es sinónimo de que de aquí en adelante vayas a estar siempre en tu centro y no vayan a presentarse «obstáculos» en tu camino. Claro que no. Pero hoy no eres la misma persona que ayer, ni que hace unas semanas cuando comenzaste a leer este libro y a hacer todo lo que has ido haciendo. Hoy estás mucho más preparado, hoy sabes que tu propia historia te ha traído hasta aquí, que es parte del plan de tu alma y que la vida te irá dando lo que necesites en cada momento.

Y cuando te encuentres con personas que no sean fáciles de llevar, recuerda que son tus maestros y que han aparecido en tu vida para enseñarte algo importante. Dales las gracias desde lo más profundo de tu corazón.

> Aferrarse al odio es como tomar veneno y esperar que la otra persona muera.
>
> Buda

Muchas veces no somos capaces de darles las gracias a los distintos maestros que nos trae la vida, ya sean nuestros padres, hermanos, parejas, hijos, amigos, etc. Para esos casos, Louise Hay tiene un mantra, es decir, una frase para repetir tantas veces como sea necesario, un método que considero muy sanador y que he utilizado varias veces. Cuando pienses en alguien y sientas rabia, rencor, enojo o decepción, repite: «Te bendigo con amor y te libero. Te dejo marchar». Cuando te das el regalo de perdonar, el lugar que ocupaba el rencor en tu corazón comienza a llenarse de calma.

Esto no quiere decir necesariamente que la persona vaya a desaparecer de tu vida, más bien te ayudará a liberarte de la percepción y expectativas que tienes de esa persona, la cual te está generando daño. De esta forma tan sencilla, comienzas a liberar a la otra persona y a ti mismo, cortando ese hilo transparente que os une cuando la relación no está en paz.

Al calmar tu mente y conectar con tu propia sabiduría interior, es decir, con tu oro puro, serás capaz de elegir aquello que te acerque a tu plenitud de corazón.

¿Razón o resultados?

¿De qué te sirve tener razón si no te entiendes con la persona que tienes enfrente? ¿Para qué? ¿Para alimentar tu ego? ¿No es preferible conseguir entenderse y obtener resultados que beneficien a ambos?

Cuando queremos tener razón, independientemente del resultado que obtengamos, es nuestro ego el que necesita alimentarse. Se dice que hay cuatro resultados en la comunicación:

- Perder – Perder: en donde ambos perdemos
- Perder – Ganar: en donde yo pierdo y tú ganas
- Ganar – Perder: en donde yo gano y tú pierdes
- Ganar – Ganar: en donde ambos ganamos

¿Qué eliges para tu vida?

Confío en que estas tres herramientas de PNL que revisaremos a continuación, nos ayudarán a conseguir un resultado ganar-ganar.

1. El mapa y el territorio

Imagínate que un día mientras estamos conversando, me cuentas que quieres ir de viaje a Chile y yo te digo: «¡Qué maravilla, te va a encantar! Te voy a pasar el mapa de París para que puedas moverte bien por Santiago».

¿Qué pensarías en ese momento de mí? Pues, como mínimo, que consumí alguna sustancia alucinógena. Porque qué absurdo, ¿no? ¿Qué vas a hacer con un mapa de París intentando desplazarte por Santiago de Chile? Caminarás tres calles hacia la derecha y no encontrarás la catedral, o aunque avances quinientos metros hacia el sur, no encontrarás el río. ¿No sería mejor que para conocer Santiago vayas con el mapa de Santiago? Resulta evidente.

Y entonces ¿qué hacemos intentando juzgar a las demás personas con nuestro propio mapa? Creyendo que no son válidas porque no piensan, deciden ni reaccionan igual que nosotros. Así estamos (y sin haber consumido ninguna sustancia alucinógena). ¡Cómo nadie nos explicó esto antes! Hay más de siete mil millones de personas en el mundo, es decir, más de siete mil millones de «mapas» por conocer.

No existe ninguna ciudad igual a otra en toda la tierra. Sí que hay lugares similares, lugares a los que llegas y sientes que has estado allí antes, al igual que hay otros que son completamente nuevos para ti y que jamás te hubieses imaginado; también hay lugares donde te sientes muy cómodo y otros donde te sientes muy inseguro, lugares que te encantan y otros que no te gustan para nada o que te son indiferentes, lugares mejores de lo que imaginabas y otros que te decepcionan porque no han cumplido tus expectativas... y así, un sinfín de lugares que puedes conocer, teniendo presente que cada lugar, aunque tenga similitudes, es único y tiene su propio mapa.

Si quieres conocer Santiago, pide el mapa de Santiago y deja en casa el mapa de París. Si quieres conocer Roma, pide el mapa de Roma y deja en casa el mapa de Santiago y París.

También puedes llegar a una ciudad sin ningún mapa y comenzar a suponer donde está todo, entrando en el juego de prueba y error, con la probabilidad de que te equivoques muchas veces, entres en zonas peligrosas, poniendo incluso en riesgo tu vida y, además, perdiendo bastante tiempo, que es uno de nuestros mayores tesoros. En lugar de suponer, pregunta al dueño del mapa de la ciudad en la que estés cómo llegar a los lugares que deseas ir.

Como bien dicen en PNL, la diferencia es sinónimo de belleza. Cuanto más te arriesgues a conocer todo lo que sea distinto a ti, más expandirás los límites de tu mapa mental.

Por cierto, que te gusten unas ciudades más que otras es simplemente tu opinión, visto desde tu mapa. No existen verdades absolutas. Tu experiencia en una ciudad va a ser completamente diferente a la de los demás. Recuerda que no vemos lo que es, vemos lo que estamos siendo, experimentando, pensando y sintiendo en ese momento. Tus ojos jamás verán lo que ven los míos. Tanto tú como yo tenemos razón y, a la vez, ninguno la tiene, según desde donde se mire. La riqueza consiste en entender que, si ambos somos capaces de compartir nuestra propia visión del mundo, podemos enriquecer nuestra percepción y acercarnos un poco más a la realidad.

¿Sabes qué? Siempre vas a tener razón según tu mapa y yo siempre la voy a tener según el mío. Así que más vale tener resultados, sobre todo cuando ponemos en juego nuestra paz interior. Cuando elegimos aquello que nos da calma, elegimos vivir en plenitud de corazón.

> Quiéreme cuando menos lo merezca, porque será cuando más lo necesite.
>
> DOCTOR JEKYLL

2. *Lectura de mente*

¿Eres vidente? Y entonces ¿cómo sabes qué piensan exactamente tu marido, tus hijos, tus padres, tus amigos, tus vecinos, tu jefe o incluso la cajera que te atiende en el supermercado?

Realmente, muchos creemos que tenemos esos poderes especiales, a veces lo llamamos intuición (que por supuesto que existe), pero la mayoría de las veces consiste en que hacemos suposiciones. En Programamción Nuerolingüística le llamamos «lectura de mente».

Como vimos en el capítulo anterior, podemos reconocer la intuición porque es una sensación que te lleva a tomar acción y, por muy doloroso que pueda ser lo que decidas, lo haces desde una paz interior, muy alejada de la rabia, el juicio, la crítica, las suposiciones y la necesidad de tener razón. Sin embargo, la lectura de mente es uno de los comportamientos que más daño ha generado en las relaciones humanas. El que tú pienses, sientas o actúes de una manera u otra, es tu realidad. Por ejemplo, que una persona te mire de una manera u otra, no tiene por qué significar lo mismo que cuando tú miras de esa manera.

Nuevamente llegamos a lo mismo, ¿para qué suponer si podemos preguntar? Y entramos en el mismo comportamiento inexplicable de ir a Santiago con el mapa de París como referencia. Si yo supongo algo sobre ti, ¿de quién viene la suposición? De mí. ¿Qué mapa estoy utilizando? El mío. Solamente estoy haciendo una proyección desde mí hacia ti, lo que dice más de mí que de ti.

Todo lo que está pasando en el exterior no es más que el reflejo de nuestro interior. Son tus propias interpretaciones las que te llevan a vivir las distintas relaciones y situaciones de una manera u otra. Cada persona tiene sus interpretaciones únicas. Muchas veces ni nosotros mismos nos entendemos ni conocemos lo suficiente como para creer conocer a otra persona y saber perfectamente cómo va a reaccionar. Además, recuerda que somos energía, por lo tanto, estamos en constante movimiento. Ya no somos la misma persona que hace un instante, así que, la reacción que pudimos haber tenido la semana pasada no tiene por qué ser la misma que tendremos en este momento.

No se trata de quién es el más listo, el más visionario o el más inteligente, se trata de ser respetuoso con los demás y contigo mismo, valorar la diversidad, desarrollar un interés genuino por el otro, sin clasificar lo que hace como bueno o malo según tu punto de vista, y no dar las cosas por supuestas. Quien mejor te puede decir por qué hace lo que hace es la persona que lo está haciendo, no tus ideas sobre ella ni las formas de actuar que tú consideras correctas.

Una niña tenía dos manzanas en su mano. Su mamá se le acercó y le preguntó a su hija si le daría una manzana.

La niña rápidamente mordió una y luego la otra.

La mamá sintió cómo se le congeló la sonrisa y trató de no mostrar su decepción.

Pero la niña le pasa una de las manzanas y le dijo: «Toma mami, ésta es la más dulce».

Anónimo

3. Causa-efecto

Que alguien no te escriba un mensaje no significa que ya no te quiera, quizás simplemente se quedó sin batería. Que alguien no te salude por la calle no significa que esté enfadado, quizás simplemente no te vio. Que alguien no te llame en tu cumpleaños no significa que ya no le importes, quizás ese día le sucedió algo inesperado y se olvidó.

No existe una ley universal de causa-efecto, otro punto fundamental que trata la PNL. Lo que para una persona puede significar algo, para otra puede significar todo lo contrario.

¿Cómo se relaciona específicamente X con Y? Por ejemplo, ¿qué relación tiene que por tener diez kilos de más tengas que aguantar malos tratos? ¿O que por comer chocolate seas mala persona? ¿O que por usar una talla 50 no merezcas sentirte bien contigo mismo? ¿Quién decide eso? ¿Según que estándar?

Tus propias relaciones internas, que has ido creando a lo largo de tu vida, pueden ser a día de hoy una de las mayores limitaciones que no te permiten vivir en plenitud. Por eso es tan importante detenernos y observarlas, ya que cuando empiezas a ser consciente de ellas, te das cuenta que son simplemente creencias que no tienen ninguna validez y puedes cambiar.

Estas relaciones que creamos de causa-efecto son el principal alimento para nuestro ego victimista, ya que nos lleva a responsabilizar a todo y a todos de cómo nos sentimos. Como no me miró, habló o trató como quería, estoy mal. Como el día amaneció nublado, estoy triste. Como mi jefe no me subió el sueldo, estoy frustrado. Como mi pareja no me da tranquilidad, no soy feliz.

Y así vamos por la vida, dando el poder de nuestro estado a las condiciones externas o a los demás, haciendo responsables a otros de un trabajo que nos corresponde a nosotros. Si pones en manos de otro tu felicidad, también estás dándole el poder de tu infelicidad. Incluso llegamos a creer que funcionar de esta manera es amor, pero no nos engañemos, el amor y la libertad van de la mano, esto es dependencia.

Vivir desde la victimización y la culpa es una opción, y la puedes elegir, pero es importante saber que no es la única forma, también se puede vivir desde la responsabilidad. En un primer momento puede ser muy dura, pero cuanto más responsable eres de ti, más libertad vas a sentir. Libertad de ser, de expresarte, de amar, de elegir, de avanzar. Libertad de actuar desde tu esencia. Libertad con los demás, entendiendo que no te pertenecen y que no están obligados a cumplir con tus expectativas ni tú con las de ellos. Libertad de vivir. Esta libertad es uno de los caminos hacia la plenitud de corazón.

> La libertad está en ser dueños de nuestra propia vida.
>
> PLATÓN

¿Existen los milagros?

Un día, escuchando a Farid Dieck, éste compartió un estudio de Ali Binazir sobre las probabilidades que de un ser humano exista tal y como es. En el estudio Ali Binazir concluyó lo siguiente:

- Las probabilidades que tus padres se encuentren en el mismo lugar es 1 entre 20.000.
- En caso de encontrarse, la probabilidad de que se hablen es de 1 entre 10.
- De que se vean por segunda vez es de 1 entre 100.
- Por lo tanto, al combinar todos estos números, la probabilidad de que tú existas es de uno entre 40.000.000.

Pero esto no es todo:

- Tú fuiste un espermatozoide y la probabilidad de que justo tu espermatozoide haya sido el que se encontró con un óvulo, son de 1 en 400 cuatrillones.
- Si a eso sumamos la historia de todos tus ancestros, la probabilidad de que tú hoy estés aquí es 1 entre 10 elevado a la 45.000 potencia. Es decir, no terminaríamos nunca de escribir todos los cero de ese número.
- Y si sumaras todas las probabilidades de que estés aquí, tu probabilidad es de 1 entre 10 elevado a 2.685.000.

Este número tan desorbitante que no lo podemos llegar ni a imaginar, sería como si dos millones de personas se juntaran en el mismo lugar y arrojaran un dado con un trillón de caras y cada una de ellas obtuviera exactamente el mismo número de doce dígitos. Como te habrás dado cuenta, la probabilidad de que esto suceda es cero.

Y entonces ¿cómo es que estás aquí? Muchas personas piden milagros, sueñan con ver milagros y darían lo que fueran por tener un milagro, sin darse cuenta de que si quieren ver un milagro en este preciso momento, sólo necesitan mirarse al espejo: porque tú eres el mayor milagro de la vida.

Un milagro no sucede porque sí, un milagro sucede para algo. El que tú estés aquí significa que tu misión en esta vida es muy importante y necesaria. Significa que, pese a que la probabilidad de que hayas nacido tal cual eres era de cero, sucedió un milagro y naciste. Haz que tenga sentido.

> Sé realista, planea un milagro.
>
> OSHO

Sea lo que sea que hayas decidido hasta ahora, es lo que te ha permitido estar aquí. Quizás a veces sientes miedo a elegir, miedo a dar un nuevo paso, miedo a equivocarte, miedo a la incertidumbre, pero ¿sabes qué? Como bien lo explicaba Allan Watts, un filósofo que me encanta, constantemente no sabemos de donde provienen nuestras decisiones y, cuando tomamos una decisión, muchas veces sentimos un gran nivel de ansiedad y comenzamos a preguntarnos si reflexionamos lo suficiente o si consideramos toda la información. Pero, si lo piensas bien, te darás cuenta de que jamás hubieras podido tener la información suficiente para decidir, ya que la información para cualquier situación es infinita, por lo que pretender tener toda la información es imposible.

También nos ponemos a pensar en todas las variables que realmente están por encima de nuestro control: lo que podría suceder, lo que nunca podría pasar, lo que pasaría si... Elegir es el acto de vacilación que hacemos antes de tomar una decisión, es una especie de tambaleo mental, entonces vivimos con la espina de la duda de si hicimos lo correcto o no y carecemos de confianza en nosotros mismos.

Si ves que careces de confianza en ti mismo, tu indecisión te llevará a no estar cómodo contigo mismo, pero si confías en ti, te puedes salir con la tuya haciendo incluso aquello que parecía equivocado.

Allan decía que tienes que considerarte a ti mismo como una nube, pero en el cuerpo humano, porque si te fijas en las nubes, ellas nunca cometen errores. ¿Alguna vez has visto a una nube cometiendo un error? ¿Alguna vez has visto a una nube que no sea perfecta? Si te tratas a ti mismo por un momento como una nube, te darás cuenta de que no puedes cometer un error, sea lo que sea que hagas; porque incluso si llegas a hacer algo que parece completamente desastroso, de una u otra forma comenzará a tomar sentido, comenzarás a desarrollar un tipo de confianza y así serás capaz de confiar en tu propia intuición y saber que no tiene nada que ver con tu decisión de hacer esto o lo otro. Hagas lo que hagas estarás tranquilo contigo mismo y serás capaz de confiar en tu propia inteligencia.

Cada una de nuestras vidas es la correcta, cualquier camino que elijas es el correcto, lo que sea podría haber sido de cualquier otra manera e igualmente habría tenido un gran significado para ti. Todo está bien como ha sido, todo está bien como está, todo está bien como estará, siempre y cuando confíes en ti.

¿Y cómo no confiar en ti, si eres un milagro de la vida?

> Hay dos formas de ver la vida: una es creer que no existen milagros, la otra es creer que todo es un milagro.
>
> ALBERT EINSTEIN

Una vez leí una frase que decía: «Tu alma sabe el camino, el desafío es acallar tu mente para que ella lo pueda seguir». Confía en el plan que tiene tu alma, confía en su sinergia con la vida, con Dios, con el universo, con la fuente, con la energía o con quien tú decidas creer. Confía en que nada en tu vida ha sido una casualidad, sino parte de un plan perfecto y superior.

Todos venimos a este mundo con distintas misiones, y cuando las hemos cumplido partimos a otro lugar. Algunos cumpliremos con nuestras misiones antes y otros después. Cada una de nuestras almas sabe cuándo es el momento y, por mucho que queramos aferrarnos a la vida o que otra persona permanezca junto a nosotros, lo que tenga que suceder, sucederá. Por eso, en lugar de invertir nuestra energía en ir a contracorriente, lo más sabio que podemos hacer, como bien dijo el psiquiatra italiano Roberto Assagioli, es **«aprender a colaborar con lo inevitable».**

Es importante respetar lo que nuestra alma y la de los demás han elegido. Detrás del título de padre, madre, pareja, hijos y amigos, son personas que tienen su propia alma y que, al igual que tú, han venido a este mundo a aprender y recorrer su camino. Esto es un paso hacia el desapego, que no significa dejar de querer ni olvidar, sino más bien respetar los procesos de cada uno.

Si está sucediendo algo en tu vida, aunque no te guste, acéptalo, porque es necesario para ti. La falta de aceptación y los constantes juicios nos hace perder mucho tiempo y energía. Agradece absolutamente todo lo que te ha pasado en la vida. Aquello que no te gustó, aquello que te encantó, aquello que esperabas, aquello que no. Todo. El agradecimiento nos lleva a vivir en abundancia y es aquí donde se vive la plenitud de corazón.

¿Cómo diferenciar cuando algo es inevitable o cuando es una situación que requiere de nuestra intervención activa? Tómate tu espacio, baja el ruido mental, cierra los ojos, respira y pregúntate qué es lo mejor para ti en ese momento. Escúchate. Y una vez más, elige aquello que te dé calma, aunque aparentemente pueda no tener sentido y recuerda que hagas lo que hagas, si algo necesita suceder, sucederá.

> Salta y la red aparecerá.
>
> PROVERBIO ZEN

Plenitud de corazón

¿Qué es sentirse pleno? ¿Qué es vivir con un corazón pleno? ¿Es algo que todos podemos experimentar o sólo unos pocos privilegiados?

Una vez más quiero mencionar a Allan Watts porque, en mi opinión, este maravilloso filósofo inglés lo explica muy bien:

Allan comenta que si estás listo para despertar, vas a despertar. Y si no estás listo vas a continuar viviendo desde ese lugar de victimización, ese «pobre de mí». Entonces, cuando estés en el camino de despertar y descubrir quién eres en realidad, lo que tú haces es lo que todo el universo está haciendo en el lugar que llamamos «aquí y ahora». Tú eres algo que todo el universo está haciendo, al igual que una ola es algo que todo el océano está haciendo. El verdadero tú no es un títere empujado por la vida, en el fondo el verdadero tú es todo el universo. Por esto mismo, cuando nos sentimos solos es porque estamos dormidos, ya que realmente nunca estamos solos. Somos un todo, con todo y todos los demás. Lo que yo decido repercute, en mayor o menor grado, en todos los demás.

Cuando tuve la oportunidad de conocer personalmente al filósofo español, Federico Lanzaco, le pregunté:

—Federico, ¿cómo se alcanza la plenitud de corazón?

—Ayudando a los demás —me respondió.

¿Y cómo no? Si al entendernos como un todo entendemos que si ayudo a otro me estoy ayudando a mí mismo y, a su vez, todo lo que haga para ayudarme a mí, también estará ayudando a los demás.

Cuando te sientas vacío, triste y no sepas qué hacer, da amor a alguien. Esto no necesariamente quiere decir que tengas que darle dinero, existen muchas formas de dar amor a los demás: hazte voluntario, ve a un hogar de ancianos, acaricia a un perro, llama a un amigo que sabes que no se encuentra bien, prepárale una sorpresa a alguien que amas, da un vaso de agua a quien tenga sed, ayuda a un abuelo a cruzar la calle... Como estos, hay miles de actos de amor que podemos hacer.

Todo lo que sale de nosotros, de una forma u otra, regresa a nosotros. El amor que entregas volverá a ti multiplicado. Todas esas sensaciones incómodas que muchas veces sentimos no son más que energía, la cual podemos transformar en energía de amor, con el simple hecho de darnos a otros.

> El secreto de la vida es dar.
>
> ANÓNIMO

Si quieres cosechar cerezas tienes que plantar un cerezo, ya que, por mucho que plantes un manzano y pongas todas tus fuerzas e intención en que te dé cerezas, sólo un cerezo te dará cerezas y un manzano te dará manzanas.

Esto no quiere decir que las cerezas sean más ricas que

las manzanas, son simplemente diferentes. Esto quiere decir que si tú sabes qué quieres cosechar, es importante que plantes esas semillas. Por mucho que tengas otras semillas, no te servirá de nada plantarlas por si acaso. Si sabes lo que quieres busca, siembra, cuida y cosecha las semillas que quieres. Es imposible que viviendo desde el miedo, coseches amor; que viviendo desde las mentiras, coseches sinceridad; que viviendo desde la escasez, coseches abundancia.

Y no necesariamente esto se da de manera lineal, me explico: tú puedes mentirle a tu pareja y quizás tu pareja no te mienta a ti, pero sí lo hace tu compañero de trabajo, con el que te enojas constantemente y no entiendes por qué te miente, qué necesidad tiene de hacerlo ni por qué atrajiste un compañero de trabajo así a tu vida. Quizás, ese compañero viene a hacerte de espejo para que mires qué está pasando en tu relación de pareja y qué motivos te están llevando a actuar así.

Siempre que te veas en situaciones incómodas, pregúntate el para qué y abre tu mente a que la respuesta pueda ser en un área completamente distinta de tu vida, ya que realmente no es distinta, porque todo forma parte de nosotros.

Y te explico este ejemplo sin la intención de hacer ningún juicio de valor, ya que cada uno tiene sus propios valores y creencias sobre ellos, te lo explico con la intención de que entiendas que no hay nada bueno ni malo, ni siquiera la mentira (no quiero con esto promover que mientas), sino que son formas que, consciente o inconscientemente, hemos encontrado para evadir lo que nos está pasando. Seamos valientes, mirémonos de frente, miremos de frente nuestro movimiento interno, no hay nada malo en eso. Quizás mirarte con sinceridad te puede llevar a tomar decisiones dolorosas, pero no hay dolor más grande que vivir una vida que no queremos vivir. Estamos vivos y este momento jamás volverá.

Hay un cuento que me encanta y que dice así:

Murió la persona que impedía tu crecimiento

Un día, cuando los empleados llegaron a trabajar, encontraron en la recepción un enorme letrero en el que estaba escrito:

«Ayer falleció la persona que impedía el crecimiento de usted en esta empresa. Está invitado al velorio, en el área de deportes.»

Al comienzo, todos se entristecieron por la muerte de uno de sus compañeros, pero después comenzaron a sentir curiosidad por saber quién era el que estaba impidiendo el crecimiento de ellos y la empresa.

La agitación en el área deportiva era tan grande que fue necesario llamar a los de seguridad para organizar la fila en el velatorio.

Conforme las personas iban acercándose al ataúd, la excitación aumentaba:

—¿Quién será el que estaba impidiendo mi progreso? —se preguntaban unos.

—¡Qué bien que se murió! —pensaban otros.

Uno a uno, los empleados agitados se aproximaban al ataúd, miraban al difunto y tragaban saliva. Se quedaban unos minutos en el más absoluto silencio, como si les hubieran tocado lo más profundo del alma.

Pues bien, en el fondo del ataúd había un espejo. Cada uno se veía a sí mismo, con el siguiente letrero: «Sólo existe una persona capaz de limitar tu crecimiento: ¡Tú!».

ANÓNIMO

Tienes en tus manos el poder de elegir qué sentido darle a tu vida, tienes en tu interior todos los recursos necesarios para hacer lo que te propongas, no existe nada ni nadie que pueda limitarte, sólo tú. Eres mucho más que un título, que una cuenta corriente, que un coche de último modelo y que todo lo que puedas llegar a imaginar. Cuando aprendas a mirarte con ojos de amor a ti mismo, con esos mismos ojos mirarás al mundo, y confiarás plenamente en el curso de la vida. El amor es el antídoto para todo. El amor es la esencia de la plenitud de corazón.

Y si sientes que tienes problemas, que estás estancado y no sabes cómo salir adelante, te invito a dejar de pensar en el problema y simplemente comenzar a agradecer todos los detalles de la vida: por estar vivo, por tener un cuerpo que te permite vivir —mira cada detalle de él y agradécele—, por tener personas que te quieren, por poder sentir, por tu capacidad de amar, por tus sueños, por tus anhelos, por tu capacidad de imaginación, por la comida, por tu casa, por los árboles, por las flores, por el mundo, por la tecnología... Da las gracias por todo y tómate un tiempo a diario para respirar de manera consciente, procura estar presente en cada momento y repítete con total convicción, de forma seguida y al menos diez veces al día esta frase: «Tengo todo lo que necesito». Te prometo que si haces esto día a día, una y otra vez, tu vida mejorará.

Lo que vaya suceder no está en tus manos, pero sí está el dar lo mejor de ti y hacer todo aquello que te acerque a tu paz interior, sin expectativas y sin esperar nada a cambio, es decir, desapegándote del resultado. Hazlo simplemente por el gozo de dar y confía en la vida, porque el milagro de tu existencia es esencial en este mundo y un regalo para todos nosotros.

Suelta y confía.

FRASE DE HO'OPONOPONO

Resumen

- Cada ciudad es única y tiene su propio mapa, al igual que las personas.
- Qué vas a preferir, ¿razón o resultados?
- Si quieres saber algo, pregúntaselo directamente a la persona involucrada en lugar de hacer suposiciones.
- Nada en nuestra vida es casualidad.
- Eres un milagro.
- Todos tenemos la oportunidad de sentir plenitud de corazón.
- El amor es la vía para llenar nuestros corazones.
- Entrega lo mejor de ti y desapégate del resultado.
- Ten plena certeza de que eres mucho más de lo que puedes llegar a imaginar.
- Nunca estarás solo, ya que eres parte de un todo y todo es parte de ti.
- Confía en ti. Tú puedes.

Actividades recomendadas

1. Lista de todas las actividades recomendadas

¡Estoy muy ilusionada que ya estemos en esta parte del libro! ¡Te felicito!

Y te quiero pedir que hagas una lista de todas las actividades recomendadas de cada capítulo.

Marca aquellas que has ido haciendo y te invito a seguir practicándolas a diario. Aquellas que no has hecho, te invito a realizarlas. El libro es un comienzo a una forma nueva de vivir y si sigues practicando las actividades recomendadas, cada vez te será más fácil disfrutar de una vida saludable física, mental, emocional y espiritual.

¿Y ahora qué?

Será lo que tú decidas...

La vida nos envía señales todo el tiempo disfrazadas de personas, libros, situaciones, sorpresas, regalos y muchas otras maneras. Recuerda que más importante que lo que sucede, es cómo elegimos vivirlo; eso es lo que marca la diferencia.

Te invito a mantenerte atento y abierto; a ser consciente de que eres mucho más de lo que imaginas; a hablarte con amor, incluso cuando menos lo sientas; a permitirte ser tú; a darte la libertad de probar, incluso con aquello que te da miedo o crees que está prohibido; a seguir tu intuición; a cambiar de opinión; a pedir perdón; a comenzar desde cero; a cambiar el rumbo o a seguir por el que vas; a hacer lo que realmente quieras. Permítetelo por el simple hecho de ser tú, porque sea lo que sea que suceda, no hubiese ocurrido si no fuese necesario y tendrá sentido para ti.

También te invito a pedir ayuda en caso de que sientas que lo necesitas, la vida no se trata de ser autosuficientes, sino de ser felices y vivir tranquilos.

Si deseas seguir profundizando en la filosofía de Nutrición emocional y quieres que lo hagamos juntos, estaré encantada de acompañarte en el camino, junto a mi equipo y a nuestros miles de alumnos de todo el mundo. En ese caso, te invito a escribirnos un correo a <hola@escueladenutri cionemocional.com> y a seguirme por las redes sociales, me encontrarás como Fran Sabal. Comparto constantemente contenido de valor y doy talleres *online* para que podamos seguir aprendiendo y creciendo juntos.

También te quiero invitar a que busques todo aquello que creas que pueda contribuir a tu crecimiento, y que si algo de lo que he compartido en este libro no tiene sentido para ti, no pasa nada, es simplemente mi opinión y mi forma de ver las cosas según lo que he ido aprendiendo y viviendo; no es una verdad absoluta ni un pensamiento que tengas que compartir y seguir, cada uno de nosotros es libre de seguir aquello que resuena en su interior, le da sentido y genera calma.

Creo que es muy importante, independientemente de cuántas personas sigamos y cuántas terapias hagamos, ser conscientes de que las mejores respuestas siempre estarán en nuestro interior y de que, por mucho que busquemos fuera, nunca nadie nos podrá dar la claridad y tranquilidad que nosotros mismos nos podemos entregar de forma continua. Cuando comenzamos a confiar en nosotros mismos y en nuestra inmensa sabiduría interior, todo cambia.

Sólo aceptando todo lo que provenga de nosotros, seremos capaces de mirarnos con amor y comenzar a sanar. No somos buenos ni malos, simplemente somos. No somos mejor ni peor que nadie, simplemente estamos haciéndolo lo mejor que podemos, bajo nuestro nivel de consciencia y experiencia de vida. No merecemos ni penas ni glorias, simplemente merecemos la libertad de ser nosotros mismos y sentirnos en calma. Ya lo merecemos todo, sin la necesidad de hacer ni comprobar nada a nadie, ya lo hemos hecho todo. Ahora merecemos vivir.

Epílogo

Fran y yo nos conocimos de manera mágica, sincrónica y fortuita. Nuestras primeras conversaciones fueron virtuales: había admiración mutua hacia nuestros respectivos trabajos y una confianza poco habitual en relaciones a distancia.

Con el paso del tiempo, Fran viajó a Chile y al fin pudimos conocernos en persona. En esa primera conversación ambas nos dimos cuenta de la cantidad de cosas que teníamos en común y nos hicimos amigas, muy amigas. Ambas teníamos la sensación de habernos conocido desde siempre.

Empezamos a trabajar juntas y de ahí en adelante todo fue sucediendo de manera casi mágica, lo disfrutábamos mucho y todo iba surgiendo naturalmente: el nombre del curso *online*, los contenidos, la forma de trabajo... Eso para mí era señal de que íbamos por un súper buen camino.

Fran no es la primera persona que me propone que trabajemos juntas, la verdad es que han sido muchas, pero hay algo en ella que me hizo percibirla de manera diferente: es honesta y generosa —brutalmente honesta—, se le notan sus buenas intenciones, se le nota el amor por lo que hace y se le nota la pasión que pone en cada proyecto. Por otro lado, y a medida que la fui conociendo, me pareció certera, inteligente y brillante en su área. Además, su capacidad de conmover y conectar con otras mujeres me parece admirable.

Nutrición emocional es un sistema claro y honesto que no vende «milagros inalcanzables» ni engaña a las personas con recetas imposibles, es un sistema amoroso que busca ayudarnos a conectar con nuestras emociones a la hora de comer. Porque justamente ahí está el gran problema: no está en la «comida» ni en las «calorías», está en cómo conectamos y nos relacionamos con los alimentos. Y Fran, con todas las herramientas que, además, conoce de programación neurolingüística, *coaching* y *mindfulness*, propone un mecanismo muy efectivo para manejar la ansiedad y otros aspectos fundamentales a la hora de relacionarnos con los alimentos y la vida.

Por otro lado, y en un área al que yo me dedico y que me parece trascendental cómo plantea Fran, está «El Método de los 4 Elementos»: un sistema sencillo y muy fácil que nos enseña cómo preparar un plato, dependiendo de los gustos y tendencias alimentarias, sin llenarnos de restricciones, aprendiendo a combinar correctamente los macronutrientes y, además, sumando las frutas y vegetales. Todos los alimentos en las porciones correctas, explicado de manera sencilla y sin que sea necesario pesar los alimentos ni contar las calorías; eso permite que las personas se vuelvan a reencantar con el acto de comer consiguiendo los cambios desde una mirada amorosa y consciente.

Si tuviera que recomendar la filosofía de Nutrición emocional, lo haría con los ojos cerrados: creo que trata la relación de la comida desde una dimensión integral, respetando la individualidad de cada persona y entregando herramientas reales y fáciles de llevar a la práctica.

CONNIE ACHURRA
Cocinera, autora y presentadora de televisión

Agradecimientos

Me llena de emoción escribir estas líneas, porque siento un enorme agradecimiento a todos y a todo.

Quiero comenzar agradeciendo a mis padres el haberme traído a esta vida, por sus cuidados, por todo el amor que me han entregado y todo lo que me han enseñado.

Mamá, te amo tanto, y agradezco todo tal cual fue. Tu partida ha sido uno de los dolores más grandes que he sentido, pero la tranquilidad de sentir que lo dimos todo, que estuvimos juntas en los días buenos y en los que aparentemente no lo eran, y que todo lo sucedido es parte del plan de nuestras almas, me regala una tranquilidad que me ha permitido entender la muerte como parte de la vida y, aunque implique dolor, ese dolor se puede vivir desde la calma. Has sido mi mayor ejemplo de ganas de vivir, cariño, abrazos, superación, resiliencia, humor, fuerza interior y la comida más rica de todas. Te recuerdo a diario y te siento conmigo.

También quiero agradecer a mi Tete, mi abuela materna, que partió al cielo cuando yo tenía veintiún años. Gracias por enseñarme el amor genuino, la generosidad, la picardía y el gusto por viajar y reír. Te amo, mi viejita.

Quiero agradecer a Enrique, mi compañero de vida. Desde que nos encontramos por casualidad en unas vacaciones sabía que nuestra aventura en esta vida sería mágica, pero debo reconocer que nunca imaginé cuánto. Eres uno de mis mayores maestros y te estaré eternamente agradecida. Gracias por enseñarme qué significa amar, por regalarme un amor incondicional, por abrazarme cada vez que siento que no puedo más, por creer en mí en momentos que ni yo creía, por tu mirada, besos, caricias, pasión, disposición, humor, fuerza, calma, paciencia y apoyo. Gracias por caminar conmigo y hacerme la vida más linda y fácil. Gracias por aceptarme tal como soy y reflejarme con tanto amor y respeto mis sombras. Gracias por ser una de las luces más bonitas de mi vida. Gracias por ser el mejor papá del mundo. Te amo.

Cuando comencé a escribir este libro nunca imaginé que terminaría de hacerlo contigo creciendo dentro de mí, a dos meses de haber partido mi mamá al cielo y con probabilidades médicas menores al uno por ciento de poder quedar embarazada de manera natural, apareciste tú. Mateo, «regalo de Dios», elegimos tu nombre por su significado, y es que eso significas para tu papá, para mí y para todos los que te amamos. Se me llenan los ojos de lágrimas al escribirte estas líneas a ti, mi principito, gracias por haberme elegido como tu mamá, gracias por ser mi pequeño gran maestro, gracias por la luz de tus ojos y tus sonrisas eternas, gracias por haber llegado a nuestras vidas y permitirnos amar de una forma tan bonita. Te amamos, hijo.

Quiero agradecer a toda mi familia, hermanas, tíos, primos, sobrinos; los amo profundamente y agradezco haber nacido en la familia que nací.

También quiero agradecer a todos mis amigos y, especialmente, a mis amigas de la vida. Las quiero tanto y me siento muy afortunada de habernos encontrado y caminar juntas. Gracias por tanto. Sois de los mejores regalos de mi vida.

Quiero agradecer profundamente a Paz, por haberme presentado al editor y porque gracias a su inmensa generosidad hoy tienes este libro en tus manos. Gracias por todo, preciosa.

Quiero agradecer a mi maravilloso equipo de trabajo de la Escuela de Nutrición Emocional. Gracias por todo su apoyo, contención, cariño, excelente trabajo y entrega a todos los alumnos. Con ustedes todo es más fácil. Les quiero y deseo que la vida les traiga multiplicado todo lo que entregan.

Quiero hacer una mención especial a mi amiga Soledad, quien ha revisado todo el libro, regalándome parte de su valioso tiempo, siendo muy respetuosa con mi escritura y dándome un feedback lleno de amor y creatividad. Gracias por todo lo que me has ayudado, preciosa, por tu entrega, compromiso y cariño.

Quiero agradecer a todos mis alumnos de la Escuela Online de Nutrición Emocional, cada uno de ustedes ha hecho que mi sueño se hiciera realidad y se superara con creces. Son increíbles, no tengo palabras para agradecer tanto amor, entrega y complicidad. Son de los mayores tesoros que me ha regalado la vida. Todo mi amor y admiración por ustedes.

También quiero agradecer a los miles de personas que me siguen a diario y a todos los mensajes que me envían. Me siento muy afortunada de habernos encontrado en el camino. Los abrazo fuerte y doy gracias por tanto.

Quiero agradecer a mi editorial por haber confiado en mí, y a todos aquellos que han participado en hacer posible que este libro esté en tus manos, por el excelente trabajo que realizan. Sabía que escribir un libro era una aventura, pero gracias a ustedes me he sentido muy segura en estas tierras desconocidas para mí. Gracias por todo el apoyo, son un gran regalo en mi vida.

Y por supuesto te quiero agradecer a ti. Gracias a ti todo esto tiene sentido. De todo corazón: infinitas gracias.

Bibliografía

Quiero compartir contigo algunas de las referencias en las que me he basado para escribir parte del libro. La otra parte la he ido aprendiendo en la universidad, cursos y práctica conmigo, mis pacientes y mis alumnos.

Abizaid, A., H. Anisman, K. Matheson y Kate Raspopow, «Psychosocial stressor effects on cortisol and ghrelin in emotional and non-emotional eaters: Influence of anger and shame», *Hormones and Behavior*, 58 (2010), pp. 677-684.

Akana, Susan F., M. E. Bell, Seema Bhatnagar, Mary F. Dallman, Francisca Gomez, Hani Houshyar, Susanne E. la Fleur, Sotara Manalo y Norman Pecoraro, «Chronic stress and obesity: A new view of "comfort food"», *Proceedings of the National Academy of Sciences*, 20 (2003).

Alexander, Jesline T. y Sarah F. Leibowitz, «Hypothalamic serotonin in control of eating behavior, meal size, and body weight», *Biological Psychiatry*, 44 (1998), pp. 851-864.

Alonso Puig, Mario, *El cociente agallas*, Espasa, Madrid, 2013.

Arteaga, Eugenio, René Baudrand y Manuel Moreno, «El tejido graso como modulador endocrino: Cambios hormonales asociados a la obesidad», *Revista médica de Chile*, 138 (2010), pp. 1294-1301.

Backholer, K., A. J. Cameron, M. J. Hare, J. L. Harding, D. J. Magliano, A. Peeters y J. E. Shaw, «Psychosocial stress is positively associated with body mass index gain over 5 years: Evidence from the longitudinal study», *Obesity*, vol. 22, 1 (2013).

BATRA, PAYAL, SAI KRUPA DAS, ANASTASSIOS G. PITTAS, SUSAN B. ROBERTS, LISA MAE ROBINSON, TAYLOR C. SALINARDI, EDWARD SALTZMAN y TAMMY SCOTT, «Eating behaviors as predictors of weight loss in a 6 month weight loss intervention», *Obesity*, 21 (2013), pp. 2256-2263.

BELLISLE, FRANCE y A. TREMBLAY, «Nutrients, satiety, and control of energy intake», *Applied Physiology, Nutrition, and Metabolism*, 40 (2015).

BRENNAN, IXCHEL M., C. FEINLE-BISSET, M. HOROWITZ, N. D. LUSCOMBE-MARSH, B. OTTO, R. V. SEIMON y J. M. WISHART, «Effects of fat, protein, and carbohydrate and protein load on appetite, plasma cholecystokinin, peptide YY, and ghrelin, and energy intake in lean and obese men», *American Journal of Physiology-Gastrointestinal and Liver Physiology*, 303 (2012), pp. G129-G140.

CAMERON, JULIA, *El camino del artista*, Aguilar, Madrid, 2011.

ČERNELIČ-BIZJAKA, MAŠA y ZALA JENKO-PRAŽNIKARB, «Impact of negative cognitions about body image on inflammatory status in relation to health», *Psychology & Health*, vol. 29, 3 (2014), pp. 264–278.

CHOZEN BAYS, JAN, *Comer atentos*, Kairós, Barcelona, 2013.

COHEN, SHELDON, D. JANICKI-DEVERTS y G. E. MILLER, «Psychological Stress and Disease», *JAMA*, vol. 298, 14 (2007).

DANE, HEATHER, AHLEA KHADRO y LOUISE L. HAY, *Pensamientos y alimentos*, Urano, Madrid, 2015.

DELGADO, MAURICIO R. y MEGAN E. SPEER, «Reminiscing about positive memories buffers acute stress responses», *Nature Human Behaviour*, 1 (2017).

DUGOVIC, C., R. LEPRULT, S. MACCARI, K. SPIEGEL, O. VAN REETH y L. WEIBEL, «Interactions between stress and sleep: from basic research to clinical situations», *Sleep Medicine Reviews*, vol. 4, 2 (2000), pp. 201–219.

ESTABROOK, RONALD W. y ROBERT E. FORSTER, «Is oxygen an essential nutrient?», *Annual Review of Nutrition*, 13 (1993), pp. 383-403.

FIOCCO, ALEXANDRA J. y SASHA MALLYA, «The importance of cultivating mindfulness for cognitive and emotional well-being in late life», *Journal of Evidence-Based Complementary & Alternative Medicine*, 20 (2014), pp. 35-40.

GARFIELD, A. S., L. K. HEISLER, D. D. LAM, O. J. MARSTON y J. SHAW, «Brain serotonin system in the coordination of food intake and body weight», *Pharmacology Biochemistry and Behavior*, vol. 97, 1 (2010), pp. 84-91.

GASTEYGER, C. y A. TREMBLAY, «Metabolic impact of body fat distribution», *Journal of Endocrinological Investigation*, 25 (2002), pp. 876-883.

HAMILTON, LISA DAWN y CINDY M. MESTON, «Chronic stress and sexual function in women», *The Journal of Sexual Medicine*, 10 (2013), pp. 2443–2454.

HAY, LOUISE L., *El poder está dentro de ti*, Urano, Madrid, 1991.

MANTZIOS, MICHAIL y JANET CLARE WILSON, «Exploring mindfulness and mindfulness with self-compassion-centered interventions to assist weight loss: theoretical considerations and preliminary results of a randomized pilot study», *Mindfulness*, vol. 4, 4 (2015), pp. 824-835.

MÁRQUEZ, SARA, «Beneficios psicológicos de la actividad física», *Revista de Psicología General y Aplicada*, 48 (1995), pp. 185-206.

MIRANDA CARÚS, RAÚL, *El Alfabeto del Silencio*, 2016.

NHAT HANH, THICH, *Hacia la paz interior*, Debolsillo, Barcelona, 2016.

NOGUCHI, YOSHINORI, *La ley del espejo*, Comanegra, Barcelona, 2009.

O'CONNOR, JOSEPH y JOHN SEYMOUR, *Introducción a la PNL* Urano, Madrid, 2015.

ROSMOND, ROLAND, «Role of stress in the pathogenesis of the metabolic syndrome», *Psychoneuroendocrinology*, 30 (2005) pp. 1–10.

RUIZ, MIGUEL, *Los cuatro acuerdos*, Urano, Madrid, 1998.

TOLLE, ECKHART, *El poder del ahora*, Gaia Ediciones, Madrid, 2001.

TOMIYAMA, A. JANET, «Low Calorie Dieting Increases Cortisol», *Psychosomatic Medicine*, 72 (2010), pp. 357-364.

ANEXOS

Consideraciones fundamentales

- Esto es sólo un ejemplo de planificación utilizando «El Método de los 4 Elementos». Tienes la lista de los distintos alimentos en el capítulo 3, puedes ir variando los alimentos que desees, según tus preferencias.

- Si eres vegetariano o vegano, puedes reemplazar las carnes por carne de soja, tofu, seitán, tempeh o legumbres, y el huevo por semillas de chía remojadas en agua, que tiene una consistencia muy similar. En el caso del huevo en el desayuno puedes sustituirlo por humus o quesos veganos.

- Cualquiera de los desayunos te aporta lo mismo, por lo que puedes ir variando todos los días o repetir, como tú decidas.

- Cualquiera de los almuerzos o comidas te aporta lo mismo, por lo que puedes ir variando todos los días o repetir, como tú decidas.

- La mayoría de las cenas te aporta lo mismo, por lo que puedes ir variando todos los días o repetir, como tú decidas. Fíjate, eso sí, que algunas consideran la fruta o la porción de hidratos y otras no, según el resto de la comida del día. Si no tienes problemas de peso o ves que vas adelgazando de medio kilo a un kilo semanal, no es necesario que dejes de comer hidratos de carbono ni fruta por la noche, pero si ves que te has estancado con el peso, te invito a evitar los hidratos de carbono por la noche (lo que incluye las frutas) y, en su lugar, priorizar las cenas basadas en proteínas, grasas saludables y verduras de libre consumo.

- Si ves que es mucha comida, disminuye las cantidades, no la variedad, comenzando siempre por disminuir las carnes (blancas o rojas), seguido por los hidratos de carbono. Si por el contrario, piensas que es poca cantidad, comienza siempre por subir las verduras, luego los lácteos, posteriormente la fruta y si aun así crees que es poca cantidad, sube un poco los hidratos de carbono, aunque es importante que detectes si es hambre o ansiedad.

- Si quieres endulzar tus comidas y líquidos, utiliza preferentemente estevia, ya sea líquida, en cápsulas o en polvo. Si vas a utilizar miel, que sea cruda e intenta no comer más de dos cucharaditas por día, porque también aporta azúcares; aunque es muy beneficiosa, no es de libre consumo.

- El cacao es el alimento con más antioxidantes, pero al tostarlo pierde parte de sus beneficios, por eso mejor en crudo y sin azúcar añadido. Si quieres comer un trocito de chocolate, elige uno que tenga un mínimo de 75 por ciento de cacao y come unas dos onzas al día (aproximadamente, unos 10-15 g). Este cacao lo consideramos como libre consumo, pero tampoco se trata de abusar de él.

- Disminuye la sal y utiliza especias a la hora de cocinar, son muy beneficiosas para la salud.

Ejemplo de planificación de siete días utilizando *El Método de los 4 Elementos*

	Lunes	Martes	Miércoles
Desayuno	• 1 vaso de leche (puede ser con té o café) • 2 rebanadas pan multicereales • ¼ aguacate • ½ tomate	• 1 yogur 0 % • 4 cucharadas de granola casera*	• 1 taza té verde • 2 rebanadas pan centeno • Queso fresco 0 % • ½ tomate • 7 aceitunas picadas • Un toque de orégano
Colación	• 1 yogur 0 % • 1 puñado de frutos secos	• 1 taza de chocolate caliente*	• Batido antioxidante*
Comida	• Wok de pollo y verduras • ¾ de taza arroz integral • 1 cdta. de aceite oliva • 1 fruta	• 1 plato de lentejas con arroz integral y verduras (2,5 tazas) • 1 fruta	• Salteado de pavo con verduras libre consumo y 1 patata • 1 cdta. de aceite oliva • 1 fruta
Merienda	• Batido antioxidante*	• 2 galletas de avena*	• 1 brownie saludable *
Cena	• Ensalada zanahoria + apio + espárragos • Pescado a la plancha con limón y eneldo • ¾ de taza quinoa • 2 cdtas. de aceite oliva • 1 fruta	• Pechuga de pollo a la plancha con ajo y orégano • Ensalada: 1 taza maíz + tomate + albahaca (natural o seca) + espinacas + pimiento • 2 cdtas. de aceite oliva	• Tortilla de espinacas • ¾ de taza arroz integral • 1 fruta

* Encontrarás las recetas a continuación.

Medidas: Vaso-taza = 200 ml; Cda. = cucharada de sopa; Cdta. = cucharadita de té.

	Jueves	Viernes	Sábado	Domingo
Desayuno	• 1 taza té rojo • 2 rebanadas pan centeno • 2 huevos revueltos con tomate + 1 cdta. aceite de oliva + un toque de orégano	• Choco-Avena*	• 1 taza té rojo • 2 rebanadas pan centeno • 3 cucharadas de humus de garbanzo + berenjena asada + 1 cdta. aceite de oliva + sésamo	• *Panca*ke de avena*
Colación	• 1 yogur 0 % • 1 fruta	• 1 fruta • 1 puñado de frutos secos	• 1 batido antioxidante*	• 1 yogur 0 % • 1 fruta
Comida	• Wok de cerdo y verduras libre consumo • ¾ de taza arroz integrales • 2 cdtas. de aceite oliva • 1 fruta	• Ensalada tomate + pepino + cilantro + sésamo • 2 tazas alubias guisadas con verduras • 2 cdtas. de aceite oliva • 1 fruta	• Ensalada lechuga + pimentón + champiñón • Carne estofada con berenjenas • ¾ de taza fideos integrales • 2 cdtas. de aceite oliva • 1 fruta	• 2 tortitas de tacos integrales • Relleno: Lechuga + espárragos + atún + tomate + queso fresco + 1 cdta. de aceite oliva • 1 fruta
Merienda	• 1 taza de chocolate caliente*	• 1 batido antioxidante*	• 2 galletas de avena*	• 1 brownie saludable*
Cena	• Ensalada espinacas + zanahoria + 1 cdta queso parmesano • Pescado a la plancha con limón y cilantro • 1 patata • 2 cdtas. aceite oliva	• Ensalada apio + manzana + cacahuetes + yogur natural • Pechuga de pollo a la plancha • 1 cdta. de aceite oliva	• Tortilla de calabacín • ¾ de taza quinoa • 2 cdtas. de aceite oliva	• Crema de verduras (espinaca + calabacín + zanahoria + pimentón + cebolla) • 1 pechuga pavo al horno con cebolla + manzanas + zumo de naranja + ajo • 2 cdtas. de aceite oliva

Recetas

1. Granola casera

1 porción = ½ taza o 4 cucharadas

Ingredientes:

- 2 tazas de avena integral (la más gruesa)
- 1 taza de mix frutos secos y semillas (todos los que quieran: almendras, nueces, cacahuetes, chía, lino, pipas de calabaza, amapolas, sésamo, entre otros)
- 2 cucharadas de miel
- Stevia a gusto (yo le agrego unas 40 gotas y cuando no uso miel, le agrego unas 60 gotas en total)
- $^1/_4$ de taza de aceite de coco (también puede ser otro aceite, pero por sabor mejor éste)

Opcional:

- 2 cucharadas de cacao 100 % natural
- Canela
- 4 cucharadas coco rallado

Preparación:

1. Agrega todos los ingredientes a un bol, calienta aceite de coco para que esté líquido, y mezcla tod

2. Ponlo en la bandeja del horno con papel de horno y lo dejas a 150 °C durante 20 minutos, abriendo a los 10 minutos de cocción para remover (aunque dependerá del horno que tengas necesitarás menos o más tiempo).
3. Sácala del horno, déjala enfriar y guárdala en un frasco de vidrio en la nevera. Dura unas tres semanas.

2. Batido antioxidante

1 porción

Ingredientes:

- 1 pieza de fruta (idealmente una taza de frutos rojos, ya que son las que tienen mayor cantidad de antioxidantes)
- 1 taza de leche desnatada o vegetal sin azúcares añadidos
- 1 puñado de espinacas crudas (no notarás su sabor)
- 2 cucharadas de avena
- 1 cucharadita de aceite de coco o coco rallado
- 1 cucharadita de semillas (chía, lino o linaza, amapolas, maravilla, calabaza, sésamo, bayas de Goji)
- Opcional: 1 cucharada de: cacao 100 % natural (crudo y sin adición de azúcar), açai o maqui

Preparación:

1. Mezcla todos los ingredientes con una batidora o una licuadora y ya está listo.

3. Choco-avena

1 porción

Ingredientes:

- 1 taza de leche desnatada o vegetal sin azúcar añadido
- 3 cucharadas de avena
- 1 cucharada harina de coco (también sirve coco rallado)
- 1 cucharadita de cacao amargo
- Cáscara de naranja
- Canela
- Stevia al gusto

Preparación:

1. Pon todos los ingredientes en una olla a fuego alto.
2. Cuando comienza a hervir baja el fuego y remueve durante unos 4 minutos y listo.

4. Chocolate caliente

1 porción

Ingredientes:

- 1 taza de leche desnatada o vegetal sin azúcar añadido
- 2 cucharadas de harina de coco (puedes reemplazarla por harina de almendras, avellanas, castaña o de cualquier otro fruto seco)
- 1 cucharada de cacao 100 % (sin azúcar añadido e idealmente crudo)
- Canela
- 1 cucharadita de vainilla
- Cáscara de naranja

Preparación:

1. Pon todos los ingredientes en una olla a fuego alto.
2. Cuando comience a hervir baja el fuego y remueve durante unos 4 minutos y listo.

5. Pancake de avena

1 porción

Ingredientes:

- 1 plátano
- 4 cucharadas de avena
- ⅓ de taza de leche desnatada o vegetal sin azúcar añadido
- 1 cucharadita de aceite de coco u oliva
- 1 puñado de frutos secos
- Stevia a gusto

Preparación:

1. Mezcla todos los ingredientes, menos los frutos secos, con una batidora hasta que quede una masa homogénea.
2. Corta los frutos secos en trocitos pequeños, agrégalos a la mezcla y remueve con una cuchara (para no triturarlos).
3. Calienta en una sartén a fuego medio-alto y agrega la mezcla.
4. Haz ambos lados, son más o menos 3-4 minutos por lado y listo.

6. Brownie saludable

8 porciones

Ingredientes:

- 4 plátanos
- 1 taza de harina de avena
- 1 taza de nueces picadas
- ½ taza de cacao amargo en polvo (sin azúcar añadido e idealmente crudo)
- ½ taza de chocolate amargo al menos de 75 % cortado en trocitos o chips de chocolate amargo o nibs de cacao
- 2 cucharadas de aceite de coco u oliva
- Estevia al gusto
- 1 cucharada de levadura
- 2 huevos (opcional)

Preparación:

1. En un bol añade los plátanos, la harina de avena, el cacao, el aceite, la estevia y los huevos (recuerda que son opcionales). Mezcla bien hasta obtener una mezcla homogénea.
2. Añade las nueces picadas en trocitos pequeños, los chips de chocolate y la levadura y remueve con una cuchara, para que no se muelan.
3. Si la masa está un poco seca, agrégale un chorrito de leche; si está muy blanda, agrégale un poco más de harina de avena.
4. Utiliza moldes individuales o un molde grande, úntalo con un poco de aceite para que no se pegue reparte la mezcla.

5. Llévala al horno, precalentado a 180 °C, durante 20 minutos, en caso de que sean moldes individuales y 30 minutos si usas un molde grande.
6. Desmolda y decora a tu antojo, puedes utilizar algún fruto seco.

Para conservarlos mejor, guárdalos en un recipiente de vidrio, tapados y en la nevera hasta cinco días.

7. Galletas de avena

8 unidades

Ingredientes:

- 4 plátanos
- ½ taza de harina de avena
- ½ taza de avena entera (la avena de copos más grandes)
- 1 taza de frutos secos (picados en trozo pequeños, pero no molidos, generalmente uso nueces)
- ¼ taza de chocolate 75 % de cacao cortado en trocitos o chips de chocolate amargo o nibs de cacao
- Stevia al gusto
- Canela
- 1 cucharadita de levadura

Preparación:

1. Tritura los plátanos con una batidora.
2. Añade el resto de los ingredientes y mézclalos con una cuchara para no triturarlos. Si ves que la mezcla queda muy líquida, agrégale un poco más de harina; si ves que queda muy densa, agrégale un poco de leche.
3. Coloca las galletas en la bandeja del horno utilizando una cuchara. Acuérdate de utilizar papel de horno para que no se peguen.

Hornear durante 15 minutos a 180 °C.

Para conservarlas mejor, guárdalas en un recipiente de vidrio, tapadas y en la nevera hasta cinco días.